Rosemarie Dingeldey

Es war, als würde ich fallen…

Rosemarie Dingeldey

Es war, als würde ich fallen ...

Leben mit einer psychischen Erkrankung

NEUFELD VERLAG

*Druck und Bindung des vorliegenden
Buches erfolgten in Deutschland*

Dieses Buch ist auch als E-Book erhältlich:
ISBN 978-3-86256-710-2, Bestell-Nummer 588 721E

Eine französische Ausgabe dieses Buches ist unter dem
Titel *C'était comme si je tombais ... Vivre avec une maladie
psychique* in der Edition Wortschatz, Cuxhaven, erschienen

Die Deutsche Bibliothek verzeichnet diese Publikation in der
Deutschen Nationalbibliografie; detaillierte bibliografische
Daten sind im Internet über www.d-nb.de abrufbar

Lektorat: Dr. Thomas Baumann, Lahr
Umschlaggestaltung: spoon design, Olaf Johannson
Umschlagbilder: © ShutterStock®
Satz: Neufeld Verlag
Herstellung: CPI – Clausen & Bosse, Birkstraße 10, 25917 Leck

3. Auflage 2020

© 2011 Neufeld Verlag, Sauerbruchstraße 16, 27478 Cuxhaven
ISBN 978-3-86256-018-9, Bestell-Nummer 588 721

www.neufeld-verlag.de

Bleiben Sie auf dem Laufenden:
newsletter.neufeld-verlag.de
www.**facebook**.com/NeufeldVerlag
www.neufeld-verlag.de/**blog**

NEUFELD VERLAG

Denn, Gott, du hast uns versucht und geläutert,
wie das Silber geläutert wird.
Du hast uns lassen in den Turm werfen,
du hast auf unsere Lenden eine Last gelegt.
Du hast Menschen lassen über unser Haupt fahren.
Wir sind in Feuer und Wasser gekommen, aber
du hast uns ausgeführt und erquickt.

Psalm 66,11 und 12

Vorwort zur zweiten Auflage

Durch die erste Auflage meines Buches kam ich mit Menschen in Kontakt, die ihre Krankheit ähnlich erleben wie ich. Wir werden behindert durch diese Krankheit, fast an jedem Tag. Mein Leben wurde oft dominiert von der Kraftlosigkeit, die meinen Alltag beeinträchtigt. Immer wieder lehrt sie mich, das Unabänderliche zu akzeptieren und mit der Energie, die mir bleibt, aus jedem Tag etwas Gutes zu machen.

Einfach? Nein, sicher nicht. Aber ich bin froh darüber, dass ich immer wieder anderen Mut machen darf, nicht aufzugeben. Bei mir und anderen lässt Gott etwas wachsen: Vertrauen auf ihn, selbst wenn alles aussichtslos erscheint; auf einen Gott, der alle Fäden in der Hand hält.

Am Anfang des Jahres traf ich Menschen in einer Klinik, die noch rebellieren, die sich nicht zurecht finden in einem Leben, das verwirrend und von Schwäche geprägt ist. Mein Verstehen tat ihnen gut und ihr Verstehen tat mir gut.

Wir sind auf der Suche, es immer neu zu lernen, mit einer komplizierten Seele umzugehen. Gut, dass es Hilfe gibt, Ärzte, Therapeuten, Medikamente und Angehörige. Und den himmlischen Vater, der mich auf dem Weg begleitet, mir Mut macht und liebevoll zuspricht.

Ich wünsche dieser zweiten Auflage, dass sie psychisch kranke Menschen, die das Buch lesen, ermutigt, den Weg weiter zu gehen, auf dem sie Hilfe bekommen und auf dem es wieder heller wird. Dafür will ich beten.

Vorwort

Wie kann man lernen, mit einer psychischen Behinderung zu leben? Ich war im Gespräch mit ein paar Frauen und sprach von »meiner« Krankheit. Das gefiel ihnen nicht, ich sollte diese Krankheit nicht festhalten, als gehöre sie zu mir.

Ich sehe das etwas anders. Ich habe gelernt, mich zu akzeptieren, auch mit dieser Psyche. Diese Veranlagung ist ein Teil von mir, den ich besonders sorgsam behandeln muss. Ich bin nicht zufällig so; mein Vater im Himmel hat mich so gemacht. Diese Betrachtungsweise hat mir schon oft geholfen, mich zu verstehen. Neben dieser bis zum Krankhaften sensiblen Seele hat Gott viel Schönes in mich und in mein Leben gelegt. Ich bin dankbar für meinen Mann, meine beiden Stiefsöhne und meine Eltern und meine Schwester, die immer wieder versuchen, mich zu verstehen, und tragen, wenn es nötig ist. Dass ich diese Krankheit annehmen kann, liegt auch an diesem guten Umfeld, an der Liebe, die ich erfahre.

Vor allem bin ich mir immer Gottes großer Liebe bewusst. Er macht nie einen Fehler und das macht mich – auch nach manchen Kämpfen – wieder ruhig und gelassen. Die Fragen, die ich noch habe, was mein eigenes Leben betrifft und das der anderen Menschen, hebe ich mir auf und möchte sie ihm stellen, wenn ich ihn mal von Angesicht sehe.

Eine große, weiche, leichte Decke breitet sich über das Bett in unserer Ferienwohnung in Nordspanien. Sie gibt mir Geborgenheit und Sicherheit – genau das habe ich in meiner Ehe gefunden. Leben können, nah beieinander, manchmal mit Abstand, aber einander nie aus den Augen verlieren... Geliebt werden, auch wenn man versagt hat, vielleicht schuldig geworden ist.

Mein Leben war wie ein kleines Boot, das zuweilen auf recht stürmischer See umhertrieb und manchen Schiffbruch erlitten hatte. Dann hat mich mein Mann in sein großes Schiff genommen, das sicher und gleichmäßig dahinfuhr. Ich zweifelte am Anfang, ob er mich liebte. Angst und Unsicherheit hatten mich immer wieder umgetrieben. Sie waren zu einem Teil meines Charakters geworden. Die Angst war aber trotz aller Einschränkung auch eine Hilfe, die mich gewissermaßen zusammenhielt, bewahrte vor dieser schrecklichen Verwirrung, wenn meine Gedanken außer Kontrolle gerieten und der Wahnsinn überhand nahm. Ich schluckte Medikamente, lernte mich und meine Krankheit kennen und lernte mich selbst einzuschätzen. Ich schonte mich, zog mich zurück, richtete mein Leben ein nach dieser Krankheit. Ich bejahte sie früh.

Eines Tages war es wie eine Explosion über mich gekommen. Überwältigende Angst. Angst klingt noch zu schwach, Panik, Kontrollverlust über Gedanken und Wahrnehmungen, über Gefühle, über mich selbst. Nichts war ausgenommen. Ich fühlte die Angst nicht nur, ich *war* nur noch Angst, personifizierte Angst. Wie ein Geschwür, das aufbricht, nur ergießt sich der Eiter nicht im Körper, sondern in den Sinnen.

Wo war Gott in dieser Zeit? Ich wusste es nicht, irgendwo wird er gewesen sein, vielleicht da, wo er immer war. Beobachtete er mich und bestrafte mich, von oben herab?

Meine Welt, meine kleine Kinderwelt war untergegangen und auch meine Jugend wurde mitgerissen. Ich war siebzehn Jahre alt. Das, was meine Seele ausmachte, war gestorben. Und doch lebte ich noch, mein Körper hatte überlebt. Ich war gefallen, aus endloser Höhe, tiefer und immer tiefer, dann ein harter Aufprall, aber kein erlösender Tod. Kein seliges Hinübergleiten. Wach werden und begreifen, ohne wirklich zu verstehen, dass es mich noch gab. Ich kann mich nicht erinnern, wann man mir sagte, was das für eine Krankheit sei. Man sprach von einer Psychose.

Dieses Erwachen oder besser gesagt: Wieder-zu-mir-selbst-Kommen, fand in einem großen Schlafsaal statt. Grelles Licht blendete mich, ein paar Frauen liefen umher, seltsame Gestalten. Ich wusste nicht, wo ich war, konnte nicht aufstehen, meine Arme waren am Bett festgeschnallt und auch über dem Bauch war ein Gurt, den man aufschließen musste. Was war bloß geschehen, was hatte ich getan, was hatte ich verbrochen? Vergitterte Fenster nahm ich wahr. Eine Frau sah aus wie eine Krankenschwester, sie gab mir etwas zu essen und zu trinken. Sie beantwortete meine Fragen nicht. Woher erfuhr ich, wo ich war? Psychiatrie, Irrenhaus, Klapsmühle... Zuerst bildete ich mir ein, ich sei gestorben. Die Tage vergingen. Ich erinnere mich kaum an diese Zeit nach der Einlieferung.

Eines Tages verlangte ich nach meiner Bibel. Meine Großeltern hatten sie mir geschenkt, sie hatte einen Ledereinband mit Reißverschluss. Ich wollte sie öffnen, eine Seite zerriss, meine Hände waren unbeholfen, ich war noch angeschnallt. Nach vier Wochen durfte mich meine Mutter besuchen. Ich konnte mich nicht freuen. Meine Gefühle waren nicht fühlbar, es kam mir vor, als wären sie tot. Wir saßen in einem kleinen Zimmer, nach wenigen Momenten wollte ich wieder ins Bett. Ich war schwach, hatte keine Kraft zu reden. Wie mag es meiner Mutter bei all dem gegangen sein? Nichts tun können und auch nichts verstehen von dem, was hier geschah? Ich bekam viele Medikamente: *Valium*, das ich nicht nehmen wollte, weil ich Angst davor hatte. Eine Lehrerin hatte im Religionsunterricht davor gewarnt. Die Schwestern logen mich einfach an. Nein, das sei kein *Valium*. *Dominal forte* zum Schlafen, *Atosil*-Tropfen, *Glianimon*, *Akineton* für die Nebenwirkungen.

Nach etlichen Wochen durfte ich tagsüber in den großen Saal, in dem die Frauen saßen oder umhergingen. Die Fenster waren hier ebenfalls vergittert, die Türen abgeschlossen. Ein Radio spielte, es gab nichts zu tun. Ich hätte auch nichts tun können. Wenn ich lief, hielt ich die Arme angewinkelt, meine Schritte waren unsicher, der ganze Körper verkrampft. Die Schwestern machten sich über mich lustig. Wussten sie nicht, dass ich nicht anders konnte? »Christkindl« nannten sie mich, als vor Weihnachten der Baum geschmückt wurde. Ich konnte mich nicht wehren, schämte mich, und konnte mich nicht einmal ärgern. Die Schwestern waren hart und lieblos. Nur eine Schwester war anders. Alle Patientinnen riefen ihren Namen, wenn sie unsere Medikamente ausgab. Sie hieß Anneliese, ich habe es bis heute nicht vergessen. Sie hatte immer ein aufmunterndes Wort für jede Frau, wenn sie uns die Medikamente gab. Sie machte keine abfälligen Bemerkungen, eigentlich war es nicht viel, nichts Außergewöhnliches. Die anderen Schwestern waren giftig, wir trauten uns nicht, uns zu wehren, denn das wäre auf uns zurückgefallen.

Meine Gefühle waren wie unter einem Gipsverband. Es fühlte sich an, als sei mein Körper ausgehöhlt. Wenn das Essen auf den Tisch kam, schlossen die Schwestern die Toilette ab. Niemand sollte mit dem Messer auf der Toilette verschwinden und sich etwas antun. Das Besteck wurde auf die Holztische geworfen. Das Geräusch erschütterte mich jedes Mal. Seltsames Gerede am Tisch. Es schmeckte mir nicht, ich nahm in der Zeit zehn Kilo ab. Eine Holländerin am Tisch sagte bei jeder Mahlzeit dasselbe: »Butter ist Nervenfutter.« Damals waren alle auf einer Station, eine Rauschgiftabhängige, die seltsame Tänze aufführte, eine Mörderin und andere, die gar nicht ansprechbar waren. Eine dicke Frau war stark geschminkt und stopfte Unmengen von Schokolade in sich hinein.

Meine Mutter konnte jetzt öfters kommen. Nach der Mittagsruhe stand sie unten, eine Schwester öffnete das große Holzportal. Sie stand da in ihrem kurzen grauen Mantel und schaute mich aufmunternd an. Es war das einzige, was mich ein wenig erfreute: wenn meine Mutter kam. Wir gingen in dem Park spazieren, am Anfang war ich schwach und ging verkrampft neben ihr her. Die Medikamente, die meine Seele ins Gleichgewicht bringen und meine Gedanken in die richtigen Bahnen lenken sollten, hatten enorme Auswirkungen auf meinen Körper. Mein Blick war starr, meine Bewegungen steif. Ich konnte mich überhaupt nicht konzentrieren.

Ich weiß nicht, ob man mir erklärte, was Elektroschocks sind. Ich wollte sie nicht haben, weil ich dachte, man bringt mich damit um. Ich bekam vier davon. Später sah ich mal im Fernsehen: Ab vier Elektroschocks kann es gefährlich werden für das Gehirn. Meine Ärztin war nett. Ich verstand aber oft nicht, was sie von mir wollte, wenn sie mit mir redete. »Fräulein Spalek«, sagte sie zu mir, das war fremd, ich war es gewohnt, mit dem Vornamen angeredet zu werden. Eine Schwester fragte meine Mutter, ob so eine Krankheit schon einmal in der Familie vorgekommen sei. Meine Mutter verneinte, dachte nicht an eine Tante und Großtante, die ebenfalls die gleiche Krankheit hatten. Es waren Verwandte meines Vaters, bei denen sich die Krankheit aufgrund ihrer Lebenssituation anders geäußert hatte. Eines Tages fuhr meine Mutter mit mir raus, wir verließen das Klinikgelände. Sie durfte das nicht, aber wir machten es einfach. Oft brachte sie was Leckeres zum Essen mit. Als Schwestern behaupteten, ich hätte schon einen Joghurt gegessen, wurde sie ärgerlich und meinte, ihre Tochter lüge nicht. Meine Mutter wird selten ärgerlich. Ich sah den Schmerz im Gesicht meines Vaters, als er mich besuchte. Seine fröhliche Tochter, wie konnte das geschehen?

Nach vier Monaten wurde ich entlassen. Für mich kam es überraschend, zum ersten Mal fühlte ich so etwas wie Freude. Im letzten Monat meines Klinikaufenthaltes war ich meistens am Wochenende zu Hause gewesen. Als ich versuchte, auf meiner Geige zu spielen, brachte ich kaum einen Ton heraus. Ich konnte nicht lesen, da die Konzentration völlig fehlte. Ich wollte möglichst bald wieder zur Schule gehen. Ich war bis zur elften Klasse in ein katholisches Mädchengymnasium gegangen, die Direktorin hatte mich in die zwölfte Klasse versetzt, ich sollte den Anschluss nicht verpassen. Die Ärztin sagte zu meiner Mutter bei meiner Entlassung: »Ihre Tochter wird nie ohne Medikamente leben können.« Meine Mutter war verzweifelt. Die Ärztin sollte recht behalten.

Meine Eltern sagten nur ganz wenigen Bekannten, in welcher Klinik ich war. Es war eine große Psychiatrie, ein Landeskrankenhaus, das in der ganzen Gegend als »Irrenhaus« bekannt war. Meine Eltern schämten sich nicht, weil ich in dieser Klinik war, sie wollten mir aber das Zurückkommen erleichtern.

Es ist schwer, meine Krankheit zu beschreiben. Was erlebt man, wenn man eine Psychose hat? Schließlich ist es auch schwer Schmerzen zu beschreiben, die ein anderer nicht kennt. Wahrscheinlich ist eine Psychose bei jedem Kranken anders, weil jeder Mensch anders denkt und anders empfindet. In späteren Jahren kam bei mir eine psychotische Episode nie aus heiterem Himmel. Auch wenn ich die Anzeichen zunächst nicht erkannt habe, wurde mir später klar, was nicht richtig gelaufen war. Einem Zusammenbruch, einem »Ausflippen«, gingen immer Wochen oder auch Monate großer Betriebsamkeit und Gefühlsschwankungen voraus. Gefühlsschwankungen und Aktivität sind aber nicht immer krankhaft, deshalb sind die Anfänge einer Manie, die in eine Psychose münden kann, so schwer zu erkennen. Man fühlt sich zunächst auch wirklich gut, aktiver und kreativer als sonst, und man wundert sich, was man alles bewältigen kann. Gefährlich wurde es bei mir immer, wenn Schlaflosigkeit dazu kam. Da musste ich mit Beruhigungsmitteln reagieren. Als junges Mädchen kannte ich mich nicht so gut und wusste nicht, wie ich das alles einordnen konnte. Deshalb war ich oft in den Kliniken. Wenn ein bestimmter Punkt überschritten war und ich nicht mehr zur Ruhe kam, gingen meine Gedanken durcheinander. Ich überbewertete das, was in meiner Umgebung geschah, verstand manches falsch, fühlte mich in die Enge getrieben und beobachtet. Zu diesem Zeitpunkt konnte ich noch ein normales Leben führen, aber wenn ich jetzt keine Medikamente nahm, steigerte sich das Ganze bis zu einer Psychose. Ich war total unruhig, sagte Dinge, die meine

Mitmenschen nicht einordnen konnten, und dann gab es kein Zurück mehr: Ich musste in eine Klinik.

Ich schrie, schlug um mich, wehrte mich gegen Kranken-schwestern und -pfleger und bekam Spritzen, um ruhig gestellt zu werden. Ich hatte Todesängste, Angst hypnotisiert zu werden. Wenn eine Psychose relativ plötzlich kam, stellte ich mir manchmal vor, dass bestimme Farbenfolgen etwas zu bedeuten hatten. Ich kann nicht sagen, was die Farben bedeu-ten sollten, ich bildete mir nur ein, sie hätten mir etwas zu sagen. Namen spielten auch eine Rolle. Ein bestimmter Vor-name sollte mir etwas sagen. Was das war, weiß ich nicht, es war verworren und ich verstand es damals auch nicht, viel weniger heute. Ich dachte auch, ich müsse bestimmte Worte aussprechen, vielleicht Verse aus der Bibel. Würde ich dann zu einer Erlösung beitragen, würde Jesus dann wiederkommen auf die Erde? Warum konnte ich nicht normal denken?

Die Verwirrung trat in den Psychosen anfallsartig auf, ich war immer nur kurzfristig verwirrt, kam dann wieder zu mir und konnte danach klar denken. Es war wie ein Erwachen, und ich stellte fest, dass ich mir vieles nur eingebildet hatte.

Bei mir waren die psychotischen Gedanken immer verbunden mit meinem Glaubensleben. Ich habe erlebt, dass auch andere Menschen in der Psychiatrie laut Kirchenlieder sangen oder sich für Jesus hielten. Wie weit sie mit dem Glauben zu tun hatten, weiß ich nicht. Ich denke aber, der Glaube und all das

Mystische, das mit dem Glauben zu hat, geht sehr tief in unser Denken, berührt uns im Innersten und kommt dann auch in dem krankhaften, verwirrten Denken zum Ausdruck. Es mag für andere gläubige Menschen unverständlich sein, dass ich in solchen Phasen meines Lebens die Bibel eher zur Seite gelegt habe, weil mich bestimmte Gedanken beunruhigt hätten.

Ich dachte, der normale Alltag könnte nach meiner ersten Entlassung bald wieder beginnen. Wie sehr hatte ich mich da getäuscht! Ich war unbeholfen, unsicher, konnte nicht alleine sein, weil ich nichts mit mir anfangen konnte. Wenn ich singen wollte, kamen falsche Töne heraus, und ich war in allem ziemlich ungeschickt. Ich konnte nicht weinen und wenn ich lachte, klang es unnatürlich. Ich hatte das Gefühl, mein Lachen war wie ein Krampf, den ich nicht kontrollieren konnte. Auch über meinen Speichel hatte ich keine Kontrolle und beim Essen musste ich ganz vorsichtig sein, damit ich mich nicht verschluckte. Meine Speiseröhre schien durch die Medikamente verengt zu sein. Besonders schlimm waren meine Konzentrationsschwierigkeiten, weil ich deshalb nicht lesen konnte. Wie sollte ich da wieder in die Schule gehen? Am liebsten kroch ich zu meiner Mutter ins Bett wie ein kleines Kind. Meine Sprache war oft undeutlich und man konnte mich schlecht verstehen. Ich wollte gern wieder in die Schule gehen. Ich sehnte mich nach meinen Klassenkameradinnen, die mir ein Päckchen mit Weihnachtsgebäck in die Klinik geschickt hatten.

Aufgrund der Konzentrationsstörungen blieb ich zu Hause, half manchmal meiner Mutter im Haushalt oder war im Uhrengeschäft meiner Eltern. Mein Vater ist Uhrmacher und betrieb ein Uhren- und Schmuckgeschäft, in dem es manchmal Geldsorgen gab. Diese Nöte meiner Eltern betrafen auch mich und ihre Probleme waren auch meine. Heimlich steckte ich ihnen Geld zu, wenn Rechnungen zu bezahlen waren.

Meine Schwester, die zwei Jahre älter ist als ich, war bereits ausgezogen. Nach dem vielen Streiten in der Kinderzeit waren wir Freundinnen geworden. Sie ist ruhiger als ich, ich galt immer als die Unkomplizierte, Aufgeweckte. Schon als kleines Mädchen war ich schlagfertig und ging gern in die Schule, weil da immer etwas los war. Mit den anderen Mädchen reden und Spaß haben, das gefiel mir.

In der Schule hatte ich vor allem mit Mathematik Schwierigkeiten. Ich saß im Unterricht oft da, schaute in die Luft und verstand nichts. Ich konnte das, was mir zufiel, zum Beispiel im Deutschunterricht mich in andere Menschen hineindenken. Mir etwas zu erarbeiten, das war schwer. Handarbeiten machte ich gern, aber ich war oft nicht so geschickt, was mich nie davon abhielt, zu stricken, zu sticken oder zu häkeln. Als ich in das Gymnasium in unserer Stadt kam, hörte eine schöne Zeit meiner Schulzeit auf. Die ersten vier Jahre in der kleinen Waldschule, so hieß unsere Grundschule, waren schön gewesen, ein netter, verständnisvoller Lehrer, alles war überschaubar. Ich hütete ab und zu die Kinder meines Lehrers und verkleidete mich im Dezember als Nikolaus – mit großem Erfolg. Im nächsten Jahr kam ich auf »Bestellung« meines Lehrers. War das der Grund für einigermaßen gute Noten, gut genug fürs Gymnasium?

Ich fühlte mich verloren in dieser riesigen Schule. Meine Mutter dachte, ich sei zu faul für Latein und so kam ich in den mathematischen Zweig. Die Lehrer machten uns bald klar, dass wir zu viele Schüler wären, sie wollten »ausdünnen«.

Ich war ungefähr acht Jahre alt, als ich beschloss, ich wollte mein Herz dem Heiland schenken. So drückte man das damals aus. Schon vor dieser Zeit hatte ich gebetet, wenn ich abends im Bett lag. Der Glaube an Gott war mir etwas Selbstverständliches, er gehörte einfach zu meinem Leben dazu. In der Gemeinschaft, in die meine Eltern damals noch gingen, gab es allerdings viel moralischen Druck, was mir ziemlich zu schaffen machte. »Jesus kommt wieder – sind wir bereit?« Das machte mir Angst, es war so etwas Unverhofftes, was plötzlich in mein Leben hineinbrechen konnte. Trotzdem hatte ich eine Ahnung in mir von einem liebenden Gott, der mich so annahm, wie ich war. Ich hatte nie aufgehört, an Gott zu glauben und zu beten, selbst in den schweren Zeiten meines Lebens.

In Notizen, die ich in meiner so genannten »Stillen Zeit« aufgeschrieben habe, sehe ich, mit welchen Gedanken ich mich im Alter von fünfzehn Jahren beschäftigt habe. Ich gab mir selbst Befehle: *Regelmäßig »Stille Zeit« machen. Wenn ich Gott liebe, hänge ich mich nicht an andere Dinge, an die Welt, weil ich von ihm und seiner Liebe ausgefüllt bin. Seine Liebe führt zu Taten und eigentlich hat man da gar keine Zeit, an sich zu denken und sich um weltliche Dinge zu kümmern ... Sorgen ist verkehrt, wenn wir unabhängig von der Welt sind. Wir sollten fest sein, wenn andere uns nicht verstehen ... Wenn das Ich auf dem Thron sitzt, regiert Jesus nicht ... Du bist gewillt mir nachzufolgen, aber bist du auch gewillt, ein unbequemes Leben zu führen? Bist du bereit, die Sicherheit deines Heims zu opfern? Unsere Verwand-*

ten sollen uns nie wichtiger sein als Jesus. Jesus ruft sofort in den Dienst. Ich brauche Leute, die mich ganz bewusst auf Fehler und Schwierigkeiten an meinem Wesen stoßen. Ich brauche seine Liebe intensiv, dass ich mein Ego bekämpfen kann. Christ sein heißt herauszutreten und die Schmach Christi zu tragen ...

Ich klagte mich selbst an wegen meines Verhaltens. Ich rüttelte mich selbst immer wieder auf zu einem »geistlichen« Lebensstil. Ich fühlte mich verantwortlich für andere, wollte ihnen seelsorgerlich helfen, für sie beten. Ich nahm mir vor, über Bibelversen zu meditieren. Ich wollte funktionieren, alles erfüllen, was mir (von wem?) aufgetragen war. Ich wollte Jesus ganz nachfolgen. Es war mir wichtig, anderen zu helfen, die Probleme von Freundinnen im Blick zu haben. Ich war bereit, Gottes Strafe zu erdulden, wenn ich es nötig hatte.

Heute fällt mir die Absolutheit und Ernsthaftigkeit auf, mit der ich mich mit dem Glauben beschäftigte. Ich freute mich nicht einfach – schließlich war ich erst fünfzehn Jahre alt –, dass ich an Gott glauben konnte, dass Jesus mich liebt. Ich machte mir selbst Druck, spornte mich an und genügte nie wirklich dem geistlichen Bild, das mir vorschwebte. Ich saugte alles, was mit dem Glauben zu tun hatte, in mich auf, wollte es behalten und anwenden für mein Leben. Ich war schlecht, Gott konnte etwas Gutes aus mir machen. Ich beschäftigte mich mit den geistlichen Dingen und sah alles durch diese »Brille« des Glaubens. Wer hatte mir das nur alles eingeredet?! Ich war doch eigentlich ein fröhliches, lebenslustiges Mädchen. Die Gedanken, die ich in meinen Notizen von damals fand, konnten nicht nur von mir stammen. Warum hatte ich das alles so aufgesogen und mir selbst diesen Druck gemacht?

I ch bemühte mich um den Platz an einer Schule im nahe liegenden, benachbarten Bundesland. Dort gab es bessere Schulbedingungen, eine Oberstufenreform. Schließlich klappte es. Eine katholische Schwester, die Direktorin der »Englischen Fräulein«, nahm mich auf. Ich blühte auf in dieser Schule. Ich verstand den Unterricht besser, die Atmosphäre tat mir gut. Eine Bibelgruppe entstand, ausgerechnet ich als evangelisches Mädchen gab den Anstoß. Auf einmal schien sich das Leben aufzutun wie eine große Tür. Möglichkeiten eröffneten sich. Ich wollte Abitur machen, studieren, ich wollte die Welt kennenlernen. Alles erschien so leicht, so positiv. Bis sich alles so steigerte, dass ich das Gefühl hatte, ich bekäme Flügel. Ich las Bücher über Mathematik und Philosophie, mein Verstand schien sich zu weiten, immer wieder öffneten sich Türen. Ich erinnere mich noch an eine Situation im Klassenzimmer, wir diskutierten über etwas. Plötzlich hatte ich das Gefühl, es ging nur um mich. Ich bezog das ganze Gespräch auf mich und erinnere mich auch noch an meinen Mantel, den jemand auf die Erde warf. Auch darin sah ich einen »Sinn«.

Dann ging alles ganz schnell, innerhalb einer Woche. Ich konnte nicht mehr schlafen, war unruhig, weinte in der Schule, andere wurden aufmerksam auf mein Verhalten. Ich weinte viel, selbst wenn es gar keinen Grund gab, und war nervös und schreckhaft. Nach einer Woche holten meine Eltern einen Arzt. Ich bekam eine Spritze, wurde jedoch nicht ruhiger. Meine Gedanken waren besetzt von Vorstellungen, die nicht der Realität entsprachen. Ich erkannte meine Eltern nicht als meine Eltern, sie waren andere Menschen. Damals kannte ich das Wort Manie noch nicht. Genau das muss es gewesen sein. Doch die Manie war bereits überschritten, mein Verhalten war psychotisch. Ich dachte, irgendetwas würde geschehen, erinnerte mich an Predigten über Entrückung, Jesus würde wiederkommen. Als Kind hatte ich einmal hohes Fieber gehabt und phantasiert. So kam es mir jetzt vor, wie im Fieberwahn. Ich wurde von der Furcht gepackt, panische Angst hatte mich erfasst. Ich war unruhig, völlig aufgelöst.

Meine Mutter wollte mich beruhigen, zu sich ins Bett nehmen. Es war unmöglich. Vor meinen Augen war helles, grelles Licht. Waren das Halluzinationen? Meine Eltern holten einen Nervenarzt. Er wies mich in die Klinik ein. Ich erinnere mich noch an den Krankenwagen, mein Vater fuhr mit, meine Mutter blieb verzweifelt zu Hause. In der Psychiatrie angekommen, zerrten mich Krankenschwestern aus dem Auto. Ich erkannte in ihnen andere Personen, Freundinnen und Mitschülerinnen. Sie waren »für die anderen da«, weil es äußerlich eine gewisse Ähnlichkeit gab. Ich sah, dass es nicht meine Freundinnen waren, aber sie hatten einen Bezug zu ihnen, waren »Vertreterinnen« für sie. Auch daran erinnere ich mich noch gut. Was machten sie mit mir? Was war geschehen, was hatte ich getan?

Es war das Ende. Das Ende einer relativ unbeschwerten Kindheit, das Ende eines Lebens mit psychischer Gesundheit. Es war aber auch der Anfang eines Lebens mit Angst, mit Schwäche, mit Medikamenten. Es war der Anfang eines Lebens, in dem ich oft verzweifelt war. Und trotz allem eines Lebens – so sehe ich es heute –, das sich lohnt.

Nach dem Klinikaufenthalt war ich über ein Jahr zu Hause. Es war keine schöne Zeit, obwohl mein Zustand sich etwas stabilisierte. Die Unsicherheit, die Angst blieb. Ich konnte einfach nichts mit mir selbst anfangen. Lesen konnte ich nicht. Es dauerte einige Jahre, bis ich es wieder schaffte, konzentriert längere Zeit zu lesen. Nichts machte mir Freude und die Tage zogen sich dahin, ohne dass ich etwas Sinnvolles tun konnte. Manchmal besuchten mich Freundinnen. Ich schaffte es kaum, allein etwas zu unternehmen. Mein Wille war gebrochen. Ich kann nicht beurteilen, wie es ist, wenn ein Bein gelähmt ist, aber ich hatte das Gefühl, wenn die Seele gelähmt ist, erscheint das Leben nicht mehr lebenswert. Ich »konnte nicht mehr wollen«, es war mir nicht möglich, mich »zusammenzureißen«, es gab nichts, was mir wirklich Spaß machte und ich war unfähig, mein Leben zu gestalten.

So ganz hatte ich die Hoffnung dennoch nie aufgegeben. Ich dachte immer, eines Tages schaffe ich alles wieder, irgendwann werde ich gesund. Meine Eltern und auch ein paar Freunde halfen mir, kleine Schritte zu machen. Aber eigentlich war es unmöglich, mir von außen zu helfen. Man kann sich nicht vorstellen, wie das ist, wenn einem die Kraft und jegliche Energie fehlen. Als Kind und als kleines Mädchen war ich sehr selbständig gewesen. Ich packte an, was ich mir vornahm. Doch nun wusste ich nicht, ob ich je wieder ein normales Leben führen konnte, wenn ich es auch noch so hoffte.

D er Glaube an Gott ist mir jedoch nie verloren gegangen. Er war wie eine kleine Flamme, die nie erloschen ist. Gott selbst hatte den glimmenden Docht nicht auslöschen lassen. In dem Jahr, als ich in die Klinik gekommen war, machte ich in meiner Bibel eine kleine Notiz bei Psalm 139: *Lieblingspsalm 1972.* »Du hast mich erforscht«, heißt es in einem Vers. Als es mir langsam besser ging, besuchte ich wieder den Jugendkreis. Wenn ich darüber nachdenke, welches Verhältnis ich zu Gott in der Zeit damals hatte, kann ich mich kaum an etwas erinnern. Ich habe nicht rebelliert. Gegen ihn, den Mächtigen und Großen zu rebellieren, das traute ich mich nicht. Ich stolperte meinen Weg, unbeholfen, manchmal schwermütig und oft traurig. Ich war Gott nicht böse. Sollte ich kleiner Mensch verstehen, was er tat? Ich habe gebetet, dass alles noch gut wird. Ich habe meinen Glauben zwar nie aufgegeben, aber verstanden habe ich so gar nichts. Es war ein langer Weg im Dunkeln, ein Weg mit Gott, ohne zu spüren, dass er da war. Nur zu wissen, er muss doch da sein, irgendwo. Meine Freundinnen machten Abitur, studierten, hatten Freunde und heirateten. Ich beneidete sie nicht, sehnte mich aber nach einem normalen Leben.

Mein Gottesbild veränderte oder, besser gesagt: erweiterte sich, durch die Verkündigung in dem Bibelkreis, in den ich nun ging. Gott ist mein Vater, der es gut mit mir meint. Seine grenzenlose Liebe und Gnade machten mein Herz weit. Bibellesen war freiwillig für mich, ein Bedürfnis, satt zu werden und mehr zu erfahren über diesen großen Gott.

In das Gymnasium konnte ich nicht zurückgehen. Das war eine unwahrscheinlich große Enttäuschung. Ich hatte immer gehofft, ich würde es schaffen, aber ein Versuch schlug fehl. Ich nahm noch immer viele Medikamente ein. Nachdem ein weiteres Jahr vergangen war, hatte mein Vater die Idee, ich könnte eine Sprachenschule besuchen. Eigentlich wollte ich einen sozialen Beruf lernen, doch nach dem Praktikum in einem Kindergarten merkte ich, dass ich dafür nicht geeignet war. Mit viel Mühe ging ich in die Sprachenschule, konnte oft dem Unterricht nicht folgen, war müde, so unwahrscheinlich müde. Häufig fuhr ich in der Straßenbahn nach Hause, noch bevor der Unterricht zu Ende war. Dann dachte ich: Ich habe es wieder einmal nicht geschafft. Bei der Abschlussprüfung fiel ich durch. Ich konnte nicht mal ordentlich schreiben, meine Hand war verkrampft und unbeweglich.

Wenn ich über die Brücke zur Straßenbahn ging, dachte ich manchmal: nur ein Sprung – und alles wäre vorbei. Dieses Leben, das ich nicht mehr bewältigen konnte, diese Schwere. Ich hatte nicht wirklich die Absicht, meinem Leben ein Ende zu machen. Aber manchmal war die Versuchung da, allem auszuweichen und das Leben hinter mir zu lassen. Inzwischen habe ich erfahren, dass relativ viele Menschen mit psychotischer Erkrankung sich selbst das Leben nehmen.

Meine Eltern brachten mir Verständnis entgegen, oft wussten sie aber auch keinen Rat. Durch eine schwere psychische Krankheit verändert sich das Leben stark. Wenn jemand wegen einer körperlichen Krankheit im Rollstuhl sitzt, kann er vielleicht trotzdem studieren. Wenn aber die Gedanken krank werden, ist das alles nicht mehr möglich. Man ist unwahrscheinlich eingeschränkt, obwohl der Körper gesund ist.

Ein Sommer in England bei einer jüdischen Familie mit drei Kindern hat mich nach dem Besuch der Sprachenschule etwas selbständiger gemacht. Ich bewundere noch heute meine Eltern, die mich auf meinen wackeligen Füßen gehen ließen und sich nicht an mich klammerten. Nachdem ich von England zurückkam, fand ich eine Arbeitsstelle als Fremdsprachenkorrespondentin, obwohl ich keinen beruflichen Abschluss hatte. Ich nahm mir dann eine eigene Wohnung. Mein Vater wollte mich erst nicht gehen lassen. Ich war vierundzwanzig Jahre alt und fand eine schöne Wohnung bei lieben gläubigen Menschen. Zweieinhalb Zimmer mit Balkon, Küche und Bad. Meine Arbeit im Büro machte nicht unbedingt Spaß. Aber ich wollte selbstständig sein und mein eigenes Geld verdienen. Gute Freundschaften mit anderen unverheirateten Frauen waren mir in dieser Zeit sehr wichtig. Wir telefonierten abends miteinander oder trafen uns und unternahmen gemeinsam etwas am Wochenende.

Meine Krankheit war wie ein Gespenst, das mir im Nacken saß. Es gab immer mal wieder kürzere Phasen mit Schlaflosigkeit und innerer Unruhe. Ich ging dann für ein paar Wochen zu meinen Eltern und nahm mehr Medikamente ein, bis es mir wieder besser ging. Die Krankheit machte mich innerlich unsicher, man sah mir das nicht an, doch sie war noch in meinem Inneren und hatte etwas Bedrohliches. Würde sie nochmals so unverhofft in mein Leben hineinbrechen? Als ich meine Arbeitsstelle wechselte und weiter weg von meinen Eltern zog, brachte das viel Unruhe mit sich. Und gleichzeitig freute ich mich über die neue Arbeitsstelle. Ich war begeistert über all das Neue. Doch dann verlor ich wieder die Kontrolle über meine Gedanken. Ich kam in die Psychiatrie in der Nähe meines neuen Wohnortes, gleich nachdem ich die neue Arbeitsstelle angetreten hatte. Dort wurde ich auf andere Medikamente eingestellt. Bei einem Besuch eines Bekannten erkältete ich mich und bekam auch noch eine schwere Lungenentzündung. Zunächst wussten die Ärzte nicht, was es war, und man vermutete sogar Lungenkrebs. Ich lag einige Wochen im Bett und durfte nicht aufstehen. Der Lungenarzt war Christ und seine Frau kam jeden Abend, um mit mir zu sprechen und zu beten. Es war ein Wunder, dass das Röntgenbild nach zwei Wochen frei war. Gott hatte mich in diesem Fall geheilt, mich jedoch nicht von meiner psychischen Krankheit befreit. Meine Arbeitsstelle verlor ich.

Krank sein, Zeit in der Klinik zu verbringen, ist immer eine schwere Zeit für mich gewesen. Aber es gab auch schöne Momente. Die Solidarität mit anderen Patienten, Besuche, Verständnis von manchen Ärzten und Krankenschwestern und vor allem das Bewusstsein, dass Gott mich durchträgt. Der Vers aus Psalm 71,20 beschreibt mein Krankheitserleben gut: »Denn du lässest mich erfahren viele und große Angst und machst mich wieder lebendig und holst mich wieder aus der Tiefe der Erde hervor.«

Die Seele jedes Menschen ist Schwankungen unterworfen. Bei jemandem mit einer bipolaren Störung oder einer manisch-depressiven Erkrankung macht die Seele zu bestimmten Zeiten eine Achterbahn-Fahrt. Meine Krankheit betrifft aber nicht nur die Emotionen, sondern auch das Denken, das Wahrnehmen und das Verstehen. In einer manischen Phase sind meine Gedanken immer gekreist, sie gingen von einem zum anderen und sie haben sich auch an bestimmten Ideen und Vorstellungen »festgebissen«. Ich war übersensibilisiert, erschrak schnell und ganz stark, war empfindlich gegen laute Geräusche und verfiel leicht ins Grübeln. Wahnsinn ist kein schönes Wort und doch habe ich genau das erlebt. Die Gedanken ließen sich nicht mehr kontrollieren, und wenn in meinem Kopf alles durcheinander ging, habe ich oft laut geschrien. Wie entsetzlich war das für meine Eltern und für mich selbst!

Wenn ich gut aussehe, wenn ich besonders munter bin und jeder meint, es gehe mir besonders gut, kann das der Anfang einer Phase sein, in der es mir nicht gut geht, der Anfang einer Manie. Das ist ein heimtückischer Aspekt meiner Krankheit, der es anderen schwer macht, mich zu verstehen. Man muss sich selbst ziemlich gut kennen, um das richtig einschätzen zu können. Außerdem benötigt man unbedingt einen guten Arzt, den man regelmäßig aufsucht und der Schwankungen besser als man selbst erkennen kann. Jeder Kranke hat seine eigene Manie oder seine eigene Psychose, denn das Denken jedes Menschen unterscheidet sich von dem der anderen. Ich habe viel darüber nachgedacht – was macht mich krank, was tut mir nicht gut, was muss ich vermeiden? Ich bin äußerst »druck- und stressempfindlich« und es gibt Menschen, die mir nicht gut tun, von denen ich mich zurückziehen muss. Ich musste lernen, mit Stress umzugehen. Dazu brauchte ich allerdings sehr lange.

Die Zeit meines Krankseins fiel natürlich in die Jahre, in denen man gewöhnlich viel unternimmt, eine Ausbildung macht, studiert und mit Freunden unterwegs ist. Mein Leben war dagegen oft eingeschränkt und ich musste immer auf meine Grenzen achten. Keine großen Belastungen, genug Schlaf. Ich lernte, das immer wieder anzunehmen. Das war keine einmalige Sache, sondern wiederholtes Einüben, dieses Leben zu akzeptieren. Hier spielte mein Glaube eine entscheidende Rolle. Ich konnte Gott mein »Warum« entgegenschleudern und selbst wenn ich meistens keine Antwort erhielt, fühlte ich mich bei ihm verstanden und geborgen.

Die Ausbildung zur Fremdsprachenkorrespondentin war eigentlich nur eine Notlösung. Da ich kein Abitur machen konnte, war es nicht möglich zu studieren. Mir fiel es oft schwer, so lange im Büro zu sitzen und mich auf die Akten, Briefe und Texte zu konzentrieren. Ich dachte oft darüber nach, ob ich noch einen anderen Beruf lernen könnte, aber ich konnte mich nicht dazu entschließen, weil ich auch Angst vor den Belastungen hatte, wenn ich etwas Neues anfangen würde. Jede größere Veränderung, so etwas wie ein Umzug oder in dem Fall eine berufliche Neuorientierung bedeutete eine Belastung für mich. So blieb ich in dem Büroberuf.

Reisen hat mich immer begeistert und mein Onkel ermöglichte mir eine Reise zu ihm nach Südafrika, ein paar Jahre später auch einen Aufenthalt in Australien. Es war eine wunderschöne Zeit und ich war dankbar, dass ich in dieser Zeit gesund war. Ich lernte interessante Menschen kennen, mein Englisch verbesserte sich, ich war braun gebrannt und in Kapstadt ließ ich mir die Haare ganz kurz schneiden. Wie schön konnte das Leben sein! Mein Onkel steht mir sehr nah und ich verstand mich gut mit seiner südafrikanischen Frau. Dass ich diese Reisen gut überstand und so viel Freude hatte, machte mich dankbar. Überhaupt lernte ich, für alle großen und auch kleinen Dinge, die ich tun konnte, dankbar zu sein. Was für andere eine Selbstverständlichkeit war – eine eigene Wohnung zu haben, Auto fahren zu können und viele Kleinigkeiten zu genießen –, war für mich ein Grund zum Staunen und zur Dankbarkeit. Ich hatte erst den Führerschein gemacht, nachdem ich das Geld dafür gespart hatte. Es war mir immer wichtig, meinen Eltern nicht zur Last zu fallen, finanziell und auch sonst. Ich brauchte ihre Hilfe sowieso oft, wenn es mir nicht gut ging, das war mir unangenehm genug. Ich wollte nicht, dass sie sich wegen mir Sorgen machten.

Seit meinem ersten Klinikaufenthalt war ich mehr als zehnmal in Kliniken. Ich habe nicht genau nachgerechnet, aber es waren sicher mehr als zwei Jahre insgesamt, in denen ich in Psychiatrien war. In der damaligen Zeit hielten es die Ärzte nicht für gut, bei psychotischen Krankheiten eine Psychotherapie zu machen. Erst jetzt habe ich große Hilfe durch eine Psychotherapie erfahren und profitiere von der neuen Erkenntnis, dass eine Verhaltenstherapie äußerst hilfreich sein kann. Ich lernte verschiedene Ärzte kennen. Einfühlsame und solche, die die Patienten von oben herab behandelten. »Sie machen den Eindruck, als hätten sie jede Nacht einen anderen Mann im Bett«, waren die Worte eines Psychiaters, der mich gerade zwei Minuten zuvor kennengelernt hatte. Schlimm ist, dass man sich nicht wehren kann, weil einem die Kraft und der Mut dazu fehlen. Eine Krankenschwester war unfreundlich und hart. Als sie meine Bibel auf dem Nachttisch sah, verhielt sie sich wie umgedreht. Sie war selbst Christin. Davon hatte ich nichts gemerkt...

Niemand geht gern ins Krankenhaus. Aber eine Psychiatrie ist noch einmal etwas anderes und meine Angst, krank zu werden und in die Klinik zu müssen, war lange Zeit groß. Ich bekam allerdings immer viel Besuch. Eine Krankenschwester fand es ungerecht, dass ich so viel Besuch, Anrufe und Briefe und Karten bekam, und sie beschwerte sich deswegen bei mir. Keine Ahnung, was ich da hätte machen sollen. Ich konnte doch meine Besucher nicht an andere Patienten abtreten! Ich hatte viele Freundinnen und ihr Mitgefühl tat mir gut.

Wenn die späteren Klinikaufenthalte auch nicht mehr so schlimm waren wie der erste, so litt ich immer sehr unter den Medikamenten, dem Herumsitzen in den Aufenthaltsräumen, dem Warten auf die Ärzte oder auf Besuch. Selbst Ärzte, die es eigentlich hätten besser wissen müssen, machten den Patienten Vorwürfe wegen ihres Verhaltens. Wir waren unruhig, depressiv und wurden oft selbst von denen nicht verstanden, die Spezialisten waren. Es gab Therapien, die etwas ablenkten, aber trotzdem war die Zeit in der Psychiatrie unerträglich. Die Medikamente machten müde, mein Körper fühlte sich schwer an. Fast das Schlimmste, was ich erlebt habe, war die Unruhe, die ich trotz der Müdigkeit empfand – ich habe nie herausgefunden, ob sie von den Medikamenten kam oder ein Teil der Krankheit war. Ich konnte keine Sekunde auf dem Stuhl sitzen, lief umher, mein Körper schien zu vibrieren, nicht mal beim Essen konnte ich ruhig sitzen. Ich ging auf und ab, konnte nichts tun, sondern musste immer in Bewegung sein. Diese Unruhe war so furchtbar und kaum auszuhalten. Es schien mir schlimmer zu sein als körperliche Schmerzen. Die Unruhe zeigt aber auch, dass man Körper und Seele nicht trennen kann. Wenn die Seele krank ist, wird der Körper in Mitleidenschaft gezogen. Damals gab es noch nicht so gute Medikamente wie heute und ich hatte noch keinen Arzt, der mich über längere Zeit behandelte. Wahrscheinlich waren das die Gründe für meine häufigen Klinikaufenthalte.

In einer Psychiatrie geht es meist ganz schön hektisch zu. Manche Patienten sind laut und unbeherrscht. Ich habe erlebt, wie ein Patient mit einer Glasflasche »Amok« gelaufen ist, und da die Räume ja immer abgeschlossen sind und man nicht fliehen kann, bekommt man Panik. Ich sah Patientinnen, die irgendwie an ein Messer geraten waren und sich damit die Arme aufritzten.

Heutzutage sind die verschiedenen Therapien eine Abwechslung und doch wartete ich oft einfach auf den Abend, um mich in mein Bett verkriechen zu können. Selten konnte man sich mit anderen Patienten unterhalten. Man war einsam unter den vielen Menschen. Vielfach nahmen Patienten ihre Medikamente nicht, man fand dann so ein Häufchen von Tabletten bei den Pflanzen oder sonst in einer Ecke. Ich wollte alles daran setzen, nie mehr in eine Klinik gehen zu müssen, und ich betete, dass Gott mir helfen möge. In der geschlossenen Abteilung einer Psychiatrie zu sein, bedeutet, den ganzen Tag zusammen mit oft äußerst schwierigen Patienten und Krankenschwestern eingeschlossen zu sein. Nach dem Frühstück verbringt man meist eine lange Zeit mit Warten.

Wenn ich wieder zu Hause war, ging mein Vater mit mir im Wald spazieren und versuchte mich abzulenken, indem er mich auf die Bäume, die Pflanzen und die Vögel aufmerksam machte. Doch die Unruhe kam immer wieder, sie ließ sich nicht durch meinen Willen lenken. Aber Ablenkung und Bewegung halfen oft am besten. Durch die Medikamente nahm ich leicht zu. Sie machten Appetit und ich war unglücklich, wenn ich zugenommen hatte. Ich war aber auch froh, dass meine Figur nicht so aus den Fugen geriet, wie ich es bei anderen beobachtet hatte. Über meine Krankheit zu sprechen, fiel mir nie sehr schwer. Ich erlebte, dass mich Freunde und Bekannte manchmal verstanden, aber das war nicht immer der Fall. Ich bekam immer wieder einmal zu hören: Lass doch deine Medikamente weg! oder: Stell deine Ernährung um! oder sonst etwas »Geistreiches«. Ein besonders frommer Mann meinte, ich sei okkult belastet. Mich selbst hat das mit der Zeit vorsichtig gemacht, wenn ich anderen etwas raten wollte, denn wann kennt man die Situation des anderen wirklich? Richtig gut verstanden haben mich eigentlich nur Menschen, die in ähnlichen Situationen waren oder sonst Schweres erlebt hatten und die versuchten, es mit Gottes Hilfe zu meistern. Es gab Bibelverse, besonders die aus den Psalmen, die ich immer wieder durchlas, die ich auswendig lernte, gewissermaßen inhalierte. »Der Herr ist mein Licht und mein Heil, vor wem sollte ich mich fürchten? Der Herr ist meines Lebens Kraft, vor wem sollte mir grauen?« (Psalm 27,1).

Ein besonders schlimmes Erlebnis war für mich ein Urlaub in Israel mit einer christlichen Reisegruppe. Israel kann emotional ganz schön anstrengend sein. Ich habe später gelesen, dass hier viele Menschen krank werden, weil man so ergriffen ist von allem, was man sieht und erlebt. Ich drehte also durch, konnte nicht mehr schlafen. Obwohl ich mehr Medikamente nahm, kam ich nicht zur Ruhe. Andere Reiseteilnehmer wurden durch mich gestört und schließlich musste ich in das Hadassah-Krankenhaus in Jerusalem eingewiesen werden. Der Arzt, ein netter Israeli, behandelte mich mit *Haloperidol*. Es ist ein starkes Medikament und ich war bald nach der Einnahme wieder klar.

Die Atmosphäre in dieser Klinik war sehr gut, die Ärzte und Schwestern waren nett und nachsichtig mit den Patienten. Sogar hier im Krankenhaus wurde beim Essen ein Platz für den Messias frei gehalten. Es wurde gelacht und erschien mir viel lockerer als in den deutschen Kliniken. Zwei Krankenschwestern begleiteten mich in die Synagoge in der Nähe des Krankenhauses, in der sich die Fenster befinden, die der Künstler Marc Chagall gestaltet hat. Ich bewunderte die herrlichen Farben.

Einmal sagte mir ein Krankenpfleger – zum Glück verstehe ich gut Englisch –, er wolle mit mir sprechen. Ich war gespannt, was er mir sagen wollte. Er meinte: »You must have a normal life« – »Sie müssen ein normales Leben führen«. Er wiederholte das einige Male und ich wusste nicht genau, was er damit meinte. Wahrscheinlich dachte er daran, dass ich ledig war, und meinen Glauben beschrieb das Pflegepersonal als »very orthodox«. Ich denke, er war der Meinung, man solle »normal« leben und nicht gesetzlich oder »überfromm«.

Heute denke ich manchmal an das, was der junge Mann mir damals sagte. Ich habe immer wieder erlebt, dass mir Enge im Denken und auch ein Eingeengt-werden durch andere Menschen überhaupt nicht gut tut. Mit Enge meine ich eine Gesetzlichkeit, die mich festlegt und die mir sagt, wie ich zu denken habe. Manche Menschen meinen ja oft genau zu wissen, was ihre Mitmenschen tun sollen. Alles Kleinkarierte widerstrebt mir. Vielleicht mag ich den Bibelvers: »Du stellst meine Füße auf weiten Raum« (Psalm 31,9) deswegen so gerne? Diese Freiheit finde ich nur bei Gott. Ich war froh, dass ich – wenn auch vollgepumpt mit Medikamenten – mit der Reisegruppe zurück nach Deutschland fliegen konnte.

Ich habe mich immer wieder sehr für meine Krankheit geschämt. Wenn meine Gedanken durcheinander gerieten und ich unruhig wurde und andere irritiert waren, war mir das hinterher immer unglaublich peinlich. Eine Psychose fing bei mir mit einer Manie an. Eine Manie enthemmt, ich erinnerte mich danach immer an mein Verhalten und schämte mich. Während einer manischen Phase sagt man manchmal Dinge, die man sonst nicht sagen würde, die Gefühle und schließlich auch die Gedanken geraten außer Kontrolle. Am liebsten würde man die Menschen meiden, die einen so erlebt haben. Wahrscheinlich schämt man sich wegen einer körperlichen Krankheit nicht; man selbst und die anderen denken, man könne ja nichts dafür. Aber für eine psychische Krankheit fühlt man sich immer verantwortlich, man meint, so dürfe man nicht sein. Eine psychische Krankheit trifft das Innerste des Menschen. Sie bricht ein in die Gedanken, das ganz Persönliche, Intimste des Menschen. In einer Psychose gibt man seine Gedanken zum großen Teil preis; mehr, als einem lieb ist.

Man hat mir oft gesagt: »Dir sieht man das nicht an, das kann man gar nicht glauben.« Ich war immer froh, dass man mir meine Krankheit nicht ansieht, aber umso schwerer ist es auch, sie anderen zu erklären. Von einem Rollstuhlfahrer erwartet man nicht, dass er die Treppe hoch steigt. Es ist jedem klar, dass er das nicht kann. Wenn man eine psychische Einschränkung hat, ist es schwerer, das den Mitmenschen zu erklären. Lange Zeit kannte ich selbst die Grenzen dieser Behinderung nicht und konnte oft nicht abschätzen, was mir gut tat und was nicht. Ich war zuweilen erstaunt, was ich alles konnte und was mir dann wiederum nicht möglich war. Oft habe ich zu viel gemacht, mir selbst zu viel zugemutet. Und wenn das über längere Zeit so ging, wurde ich wieder krank. Es war immer wieder schwer für mich, auf das Verständnis anderer zu verzichten. Weil ich mich vor ungebetenen Ratschlägen schützen wollte, erklärte ich mit der Zeit weniger und versuchte, einfach nur mein Leben zu leben.

Entscheidend wichtig ist, dass man eine Manie früh erkennt. Nächste Verwandte und Freunde stellen bei mir eine Veränderung der Stimmung, schnelles Sprechen und ein »Überdrehtsein« fest. Ich bin dann schnell gereizt. Ich bin gern mit anderen Menschen zusammen, weil es mich aber ziemlich anstrengt, muss ich manchmal genau das vermeiden. »Ich habe vielleicht weniger eine schwere als eine schwierige Krankheit«, sagte ich einmal zu jemandem. Es ist sehr wichtig, dass man sich selbst kennenlernt. Auf der anderen Seite sollte man nicht immer die »Hand am Puls« haben und sich zu intensiv beobachten.

Wenn man Depressionen hat, ist man bedrückt, der Sinn im Leben und die Freude fehlen. Man hat auch keinen inneren Antrieb. Bei einer Psychose sind die Gedanken verwirrt, man hat Angstzustände und fühlt sich zuweilen auch verfolgt. Wenn eine Psychose bei mir mit Medikamenten bekämpft wurde, ging es mir ähnlich wie einem depressiven Menschen. Ich fühlte mich schwerfällig, konnte fast nichts tun und war eine Belastung für meine Mitmenschen. Als seelisch kranker Mensch muss man seinen Mitmenschen klarmachen, dass man Hilfe braucht. Der Gesunde nimmt das nicht ohne Weiteres wahr. Wenn jemand körperlich krank ist und an Krückstöcken geht, braucht man nicht lange zu erklären, dass dieser Mensch Hilfe braucht. Man muss also selbst Worte finden für die eigene Situation. Das bedeutet, dass man sich selbst klar werden muss, wie es einem geht und welche Art von Hilfe man braucht. Genau das weiß man aber oft selbst nicht und deshalb kann das Zusammenleben recht verwirrend sein.

Als Single muss man für das Wochenende immer etwas organisieren, wenn man nicht allein sein will. Ich hatte viele Freundinnen, doch manchmal war ich ein ganzes Wochenende allein, ging spazieren, malte mit meinen Aquarellfarben oder las. Zunächst hatte ich in meiner eigenen Wohnung kein Fernsehgerät, ich bekam dann eines geschenkt und es war eine schöne Abwechslung, wenn ich abends allein war. Ich konnte schon immer gut allein sein, aber wenn es mir psychisch schlecht ging, war mir das Alleinsein ganz unmöglich. In der Nachbarschaft hatte ich eine türkische Freundin, mit der ich gern spazieren ging, die mir viel aus ihrem Leben erzählte. Ab und zu verbrachte ich das Wochenende mit meinen Eltern. Ich wünschte mir jemanden, mit dem ich das Leben teilen konnte. Sicher war meine Krankheit immer ein Hinderungsgrund für eine Partnerschaft gewesen. Die Medikamente beeinflussten mich sehr, ich konnte nicht so viel unternehmen und wenn ich mal später ins Bett ging, war ich morgens so müde, dass ich es kaum schaffte, aufzustehen.

Ich war schon über dreißig, als ich nochmals in die Klinik kam. Das war mein letzter Aufenthalt in der Psychiatrie und er brachte eine Wende durch eine Ärztin, die mich auf ein Lithium-Präparat umstellte. Dieser Klinikaufenthalt war sehr schlimm für mich und meine Mutter riet mir, die Ärztin zu fragen, ob sie mich auch ambulant weiter als ihre Patientin behandeln würde. Sie war einverstanden. Ich nahm damals Lithium und außerdem *Taxilan*, das ich schon viele Jahre vorher genommen hatte. Durch diese Medikamente nimmt man leicht an Gewicht zu, man muss auch viel trinken. Damals schwor ich mir, alles zu unternehmen, um nicht mehr krank zu werden.

Ich habe gelernt, dass zum Akzeptieren meiner psychischen Krankheit auch das Akzeptieren von Medikamenten gehört. Es ist typisch für Menschen mit einer psychischen Krankheit, dass sie keine Medikamente einnehmen wollen, und das ist der Grund dafür, dass sie immer wieder krank werden. Aber mein Wunsch, nicht mehr psychotisch krank zu werden, war so groß, dass ich beschloss, die Medikamente einzunehmen. Man muss das Lithium-Präparat konsequent einnehmen, darf es nie vergessen und muss in regelmäßigen Abständen, etwa alle sechs Wochen, das Blut untersuchen lassen. Lithium wirkt erst richtig nach etwa einem Jahr, das bedeutet, dass erst dann Psychosen und manische Phasen gemindert werden.

Meine Eltern und meine Schwester waren die Menschen, die mir am nächsten standen. Meine Mutter hat Angehörigentreffen in der Klinik besucht, um besser auf mich eingehen zu können. Angehörige müssen sich abgrenzen und ihr normales Leben weiterführen und auf der anderen Seite für den Patienten da sein.

Es gab viele Dinge, die ich aufgrund meiner Krankheit nicht tun konnte. Ein Studium war nicht möglich. Ich konnte auch nicht für ein oder mehrere Jahre im Ausland arbeiten, das hätte ich gern getan. Ich war auf meine Ärzte angewiesen und brauchte den Kontakt zu meiner Familie. Immer, wenn ich etwas unternahm, musste ich mir überlegen, ob es nicht zu viel für mich ist, ob ich es schaffe. Ich hatte nicht die Unabhängigkeit und Freiheit zur Entfaltung meiner Persönlichkeit, wie ich sie mir gewünscht hätte. Meine emotionale Kraft brauchte ich für die Bewältigung meiner Krankheit und manche Gaben konnte ich deshalb nicht so entfalten, wie ich es mir gewünscht hätte.

Letztendlich weiß ich nicht, ob Lithium die Wende in meinem Leben brachte oder ob es die neue Lebenssituation war, in die ich kam. Als mein Vater mich von der Klinik abholte, sagte ich zu ihm: »Ich würde gern gesund werden und ich würde gern heiraten.« Zu Hause schlug mein Vater seine Bibel auf und las: »Habe deine Lust am Herrn, er wird dir geben, was dein Herz wünscht« (Psalm 37,4). Obwohl ich den Wunsch hatte zu heiraten, zweifelte ich, ob ich in einer Partnerschaft leben könnte. Doch ich hatte mir angewöhnt, über alles mit Gott zu sprechen, und so waren wir immer wieder darüber im Gespräch.

Eines Tages beschlossen meine Mutter und ich, regelmäßig miteinander für die Anliegen in unserer Familie zu beten und auch dafür, wie es bei mir weitergehen sollte, beruflich und in meinem persönlichen Leben. Sie schlug mir vor, ich könne doch eine Partner-Anzeige in einer christlichen Zeitschrift aufgeben. Das tat ich dann auch und nachdem ich die ersten paar Antworten nicht interessant gefunden hatte, meinte ich schon, ich hätte mir das Geld für die Anzeige sparen können.

Dann bekam ich eine Einladung zu einer Wanderung im Odenwald mit einer Gruppe von ehemaligen Korsika-Reisenden. Ich entschloss mich mitzugehen. Als ich an einem Tisch in der Gaststätte Platz genommen hatte, ging die Tür auf und ein Mann mit zwei Jungen kam herein. Dieser Mann war mir sofort sympathisch, obwohl ich natürlich nicht wusste, ob er verheiratet war. Während der Wanderung beobachtete ich ihn, wie er mit den Jungen umging. Wir sprachen nur ganz kurz miteinander und ich hörte, wie er am Ende der Veranstaltung rief: »Wir gehen nach Hause.« Ich war enttäuscht und machte mich auch auf den Heimweg. Ich ging in einem italienischen Restaurant essen und sprach mit Jesus im Gebet darüber. Ein Gedanke durchzuckte mich: Da war doch noch meine Anzeige..., aber ich verwarf ihn gleich, das war zu abwegig, dass genau dieser Mann auf meine Anzeige antworten würde. Am nächsten Tag erzählte ich meiner Kollegin von der Begebenheit und sie meinte, er sei bestimmt verheiratet, ich solle mir bloß keine Gedanken machen. So beruhigte ich mich.

Als vier Wochen vergangen waren, kam auf meine Anzeige ein Brief von Reinhold Dingeldey, und als ich das beigelegte Foto sah, musste ich mich erst einmal hinsetzen: Es zeigte jenen Mann, den ich auf der Wanderung gesehen hatte, auf einem weiteren Foto waren die beiden Jungen abgebildet! Er schrieb, dass er verwitwet sei, in einem Städtchen im Odenwald lebte ... Sein Brief sprach mich sehr an. Er nannte darin auch Römer 8,28: »Denen, die Gott lieben, dienen alle Dinge zum Besten«, einen Bibelvers, der mir besonders wichtig war. Da er schrieb, dass er in Kur ging, schickte ich mein Antwortschreiben dorthin. Ich fand, die beiden Jungs hatten einen ganz schön lebendigen Eindruck gemacht, also würden sie den Brief vielleicht verschwinden lassen ...

Wir trafen uns dann das erste Mal in meiner Wohnung. Ich machte alles schön ordentlich, putzte gründlich und backte einen Apfelkuchen. Ich war sehr aufgeregt, bevor Herr Dingeldey kam. Wir machten einen kleinen Spaziergang, tranken Kaffee, aßen meinen Kuchen und unterhielten uns gut. Es irritierte mich ein wenig, dass seine Frau erst relativ kurz zuvor verstorben war. Ganz besonders wichtig war mir der gemeinsame Glaube. Wir telefonierten von da an fast jeden Tag miteinander. Auch die beiden Jungen brachte Reinhold mit in meine Wohnung, wir malten miteinander und unternahmen Ausflüge. Ich hatte den Eindruck, dass sie recht frei erzogen und es offenbar gewohnt waren, ihren Willen durchzusetzen. Reinhold hatte mir längst das Du angeboten und wir verstanden uns gut. Allerdings gab es wenig Zeit zu zweit und so blieben zum Austausch oft nur die Gespräche am Telefon.

Als der jüngere Sohn im November Geburtstag hatte, fuhr ich nach Michelstadt zu Dingeldeys. Reinhold hatte den Weg gut beschrieben und nach einer Stunde Fahrt und kurzem Suchen stand ich zum ersten Mal vor dem großen alten Haus. Reinhold begrüßte mich. Ich wusste, dass an dem Haus noch einiges zu renovieren und aufzuräumen war.

Als Reinhold mich drei Monate nach unserer ersten Begegnung fragte, ob ich ihn heiraten wollte, war ich überglücklich und ich konnte mir nichts Schöneres vorstellen, als das Leben mit ihm zu verbringen. Auch meine Eltern freuten sich. Wichtig war, dass Reinhold und ich uns liebten und uns sicher waren, wir gehören zusammen.

In den darauffolgenden Jahren wurde mir jedoch klar, dass die Verwandtschaft und auch Äußerlichkeiten wie ein Haus sehr wohl auf die Beziehung von zwei Menschen einwirken können und man stets für die Liebe kämpfen muss. Ich konnte meine Krankheit nicht verheimlichen, wenn ich das auch gern getan hatte. So sprach ich gleich am Anfang davon, wenn ich auch nicht gleich alles erzählte. Bei diesem Gespräch hatte ich wieder das Gefühl, minderwertig zu sein, und befürchtete, dass Reinhold sich zurückziehen würde, zumal er ja auch wusste, dass eine große Aufgabe auf mich zukommen würde.

Knapp ein Jahr nach unserer ersten Begegnung heirateten wir. Wir hatten ein schönes Hochzeitsfest und mein Mann und ich genossen eine Woche für uns allein. Ich war kurz vor unserer Hochzeit zu ihm und den Jungen gezogen.

Für die Hochzeit hatte ich ein Kleid gefunden, das ich ganz wundervoll fand. Jemand hatte mir geraten, ein Kostüm zu tragen. Aber ich wollte ein richtig schönes Kleid; einen Witwer zu heiraten, bedeutete doch nicht, nur ein schlichtes Kostüm zu tragen! Ich wollte das schönste Kleid, das ich finden konnte! Mit einer Freundin hatte ich mich aufgemacht. Zunächst gefiel mir nichts in dem Geschäft, ein Kleid mit Spitzen und aufwendigem Schleier war nicht mein Geschmack. Wir wollten das Geschäft gerade verlassen, als mein Blick auf ein Kleid fiel: Rohseide, champagnerfarben – allerdings in Größe 38, die mir nicht passte. Doch die Verkäuferin sagte mir, man könne das Kleid in meiner Größe anfertigen lassen und ein wenig verändern. Als Reinhold mir einen Zeitungsausschnitt zeigte, auf dem ein Schmuck für den Kopf abgebildet war, nahm ich die Abbildung mit in den Brautladen und war ganz aus dem Häuschen, als man mir sagte, den Schmuck gäbe es in dem Geschäft, champagnerfarben und passend zu meinem Kleid. Gott kümmert sich um alles, auch um mein Brautkleid, jubelte ich innerlich. Meine halblangen Haare wurden von einer Friseurin hochgesteckt, ich hatte ein paar Tage vorher eine Probefrisur machen lassen. Vor der Hochzeit ging es mir auf einmal nicht so gut. Ich nahm etwas mehr Medikamente. Ich hatte in den Wochen vor der Hochzeit wenig Zeit für mich gehabt, um etwas zur Ruhe zu kommen, und das würde nach der Hochzeit sicher nicht besser werden.

Wir wurden in der Kirche in Michelstadt getraut. Als ich mit meinen Eltern bei Reinhold und den Jungen ankam, sah ich, dass er in seinem Haus etwas Ordnung gemacht hatte, und tatsächlich lag da ein roter Teppich, den er für mich ausgelegt hatte. »Du bist so schön!«, diese Worte machten mich glücklich. Ich freute mich natürlich, dass meinem Mann das Kleid gut gefiel. Die Kirche war voll, so hatte ich mir das immer gewünscht. Die Trauansprache hielt ein älterer Prediger, den wir unabhängig voneinander schon gekannt hatten. Die Trauung führte ein Pfarrer von Michelstadt durch. Wir hatten uns den Trauspruch »Freut euch, Gott hat Wunder unter euch getan« ausgesucht (aus Joel 2,26). Die Feier fand in einem schönen Restaurant statt, wir mussten ein paar Kilometer fahren. Es gab ein herrliches Essen und Freunde von mir hatten ein schönes Programm zusammengestellt. An unserem Hochzeitstag war unser Glück ungetrübt. Nur einen Tag vor der Hochzeit war es mir nicht gut gegangen und ich befürchtete, schon wieder krank zu werden. Es war einfach alles sehr anstrengend, ich war aufgeregt und es gab natürlich viel zu organisieren. Freude konnte mich genauso aus dem Gleichgewicht bringen wie Kummer.

Die Jungen waren nach der Hochzeit für eine Woche bei meinen Schwiegereltern und wir entschlossen uns, nicht zu verreisen. Mein Mann wollte mir die Gegend zeigen. Es war immer etwas Besonderes, wenn wir allein waren. Im Haus standen die herrlichen Blumen, die wir zur Hochzeit bekommen hatten. Die wollten wir auch genießen. Wir machten eine Fahrradtour in dieser Woche; ich fand es schön, nur für meinen Mann zu kochen und wir konnten miteinander reden, ohne gestört zu werden.

Ich hatte viel Mut gehabt, mein Single-Dasein aufzugeben und Ehefrau, Mutter und Hausfrau zu werden. Ich wusste ja auch, dass meine Krankheit nicht heilbar war und dass sie durch die Medikamente nur zurückgehalten werden konnte. Ich verzichtete bewusst auf eigene Kinder, weil Lithium ein Risikofaktor bei einer Schwangerschaft ist.

Es kam viel Arbeit im Haus auf mich zu, ich räumte einiges aus und wir renovierten und veränderten viel. Ich musste das immer behutsam tun, um die Jungen nicht zu verletzen. Ich hatte an meinem letzten Arbeitsplatz nur halbtags gearbeitet, um mich zu schonen, und hier war ich sehr gefordert, auch seelisch, denn immer wieder mit den Dingen der ersten Frau meines Mannes konfrontiert zu sein, war für mich »seelische Schwerstarbeit«. Ich kann aber sagen, dass ich meinen Schritt, eine »Familie zu heiraten«, nie bereut habe, auch wenn es nicht immer einfach war.

Es machte mir Spaß, Hausfrau zu sein. Ich versuchte, die Söhne meines Mannes zu verstehen, und sie lernten, kleine

Verantwortungen bei der Arbeit im Haus zu übernehmen. »Liebe geht durch den Magen«, und es war relativ einfach, die Liebe auf diese Weise zu zeigen. Ich sah es von Anfang an als meine Aufgabe, Ordnung in dem riesigen Haus zu machen. Es gab viel zu tun und ich fand überall die Spuren der ersten Frau meines Mannes. Es war schon so, dass sie in den Dingen weiter lebte, die ich vorfand. Manchmal fühlte ich mich wie ein Eindringling. Ich wehrte mich dagegen, im Schatten einer anderen Frau zu stehen. Bei aller Arbeit und trotz der Gedanken, die mir oft die Freude rauben wollten, überlegte ich mir stets aufs Neue, was wir gemeinsam als Familie tun konnten.

Ein paar Mal wurde ich gefragt, ob die beiden mich akzeptieren würden. Ich freute mich, als jemand dann mal fragte, ob ich die Jungen akzeptieren könnte, denn das war ja auch nicht einfach. Meine Ärztin machte mir Mut, mit ihnen über meine Krankheit zu sprechen. Es fiel mir nicht leicht, diese besondere Behinderung zuzugeben.

A m Anfang unserer Ehe strömte so manches auf mich ein. Da war die ganze Arbeit und ich musste mich ja nicht nur in dem Haus, sondern auch in Michelstadt zurechtfinden. Neue Nachbarn, neue Bekannte, Schulfreunde der Jungen ... Es war erstaunlich, wie viel Kraft ich auf einmal hatte, um alles zu bewältigen. Ich hatte nicht mehr viel Kontakt zu den Freundinnen von früher und knüpfte neue Kontakte. Mein Mann und ich wanderten von Anfang an gern zusammen. Reinhold und ich hatten uns lieb und doch kamen wir durch die Anforderungen an unsere Grenzen. Für meinen Mann war die Schule eine große Herausforderung, wir redeten viel über das, was er dort erlebte. Wir beteten regelmäßig miteinander und immer, wenn wir Probleme hatten. Es wurde zu einer guten Angewohnheit, die unsere Ehe gefestigt hat und uns einander innerlich näher brachte. Wir haben uns am Anfang vorgenommen, nie im Streit einzuschlafen. Es ist uns – ich glaube, mit einer oder zwei Ausnahmen – über die Jahre hinweg gelungen. Mein Mann lernte sich in meine Gedanken einzufühlen und ich in seine. Manchmal hat sich bei mir trotzdem einiges angestaut und wir brauchten Zeit für längere Gespräche. Ich verstand mich mit der Zeit auch immer besser und mir wurde klar, dass meine Eifersuchtsgefühle von den Minderwertigkeitsgefühlen kamen, die ich wahrscheinlich auch aufgrund meiner Krankheit hatte.

Ganz langsam wurde ich frei von den Eifersuchtsgefühlen, die mein Denken am Anfang unserer Ehe stark bestimmt hatten. Ich war in einem Wettstreit gewesen, einem inneren Kampf, der mich sehr unfrei machte. Es war ein langer Prozess, in dem ich lernte, mich selbst anzunehmen, wie ich bin. Bin ich wie die erste Frau meines Mannes? Ich nahm die Bilder von ihr in die Hand und war verunsichert und ängstlich. Niemand konnte mir wirklich helfen. Ich betete und lernte, mich mehr und mehr aus Gottes Hand anzunehmen. Aber ich kam zu dem Punkt, dass ich mir sagte: Ich bin ich, ich bin so, wie Gott mich geschaffen hat, und ich kann nur mein Leben leben. So wurde ich frei von dem Vergleichen und der Angst, verglichen zu werden. Ich lernte, nicht so viel Wert zu legen auf das, was andere sagten, und wie andere Dinge in meinem Leben interpretierten. Schon oft haben Leute mir gesagt: Du siehst aus wie jene Frau oder sogar wie jener Mann. Doch ich weiß, ich bin einzigartig, es gibt keine Frau, die mir wirklich gleicht. Allerdings weiß ich heute auch, dass Menschen manchmal nicht gut beobachten und nicht genau hinschauen. Dann sehen am Ende alle gleich aus.

Das große Jugendstilhaus wurde mit der Zeit zur Heimat für mich. Als ich meinen Geschmack mit eingebracht hatte und manches verändert worden war, fühlte ich mich wohl. Ich war froh, dass ich am Anfang nicht die Geduld verloren hatte und wir uns ein neues gemeinsames Haus gesucht hatten. Die Jungen konnten die Schule, Freunde, den Sportplatz und vieles mehr zu Fuß oder mit dem Rad erreichen. Auch für meinen Mann und mich war die Stadtnähe günstig. Anscheinend gewöhnte sich meine Familie auch an mich. Ich merkte das unter anderem daran, dass ich am Muttertag übergangen wurde und nicht wie beim allerersten ganz früh am Morgen schon ein Frühstück und Geschenke auf dem Küchentisch standen. Ich war jetzt halt ein ganz normales Familienmitglied. Es war mir allerdings immer etwas peinlich, als »Mutter« angesehen oder angesprochen zu werden. Die Jungen nannten mich beim Vornamen, sprachen anderen gegenüber jedoch oft von mir als ihrer Mutter.

Mein Mann und ich machten uns immer wieder Gedanken über die Vergangenheitsbewältigung. Ich fand das Reden über die leibliche Mutter der beiden schwierig und schlug meinem Mann vor, mit ihnen allein darüber zu reden. So richtig hat das nie geklappt. Ich lernte damit zu leben, dass ich nicht alles gut machen konnte und dass es ja schon viel war, dass ich für die Jungen da war und versuchte, mich in sie hinein zu denken. Außerdem lernte ich, dass nicht alles besprochen werden muss. Ich dachte immer, man müsse über alles reden, damit man sich versteht. Vielleicht ist das bei Männern anders. Wir gaben den Jungen Geborgenheit, waren da, wenn sie uns brauchten, setzten uns mit ihnen auseinander und manchmal kämpften wir auch miteinander. Eines Tages begriff ich: das genügt. Wir sind keine Therapeuten und nur Gott kann alle Wunden heilen.

Kann man trotz einer psychischen Krankheit ein gesundes Selbstwertgefühl entwickeln? Sicher nicht, ohne daran zu arbeiten. Eine psychische Krankheit ist einfach demütigend und ich habe oft genug darunter gelitten, dass ich mich selbst in Frage stellte und an mir zweifelte. Ich bildete mir manchmal ein, meine Mitmenschen hielten mich nicht für zurechnungsfähig, und dachte, ich müsse beweisen, wie gesund und normal ich war. Die Gespräche mit meinem Mann waren eine Hilfe und auch bestimmte Bücher. Sie können therapeutisch wirksam sein. Worte tun mir gut, sie muntern mich auf, ich fühle mich verstanden, werde ermahnt oder bekomme heilsame Tipps, wie ich mein Leben besser bewältigen kann. Ab und zu träumte ich von einer stabilen, gesunden, robusten Seele. Ich wünschte mir, belastbarer und stärker zu sein. Aber Gott zeigte mir immer wieder, dass er mich eben so gemacht hat, und vielleicht braucht er einen Menschen, der so ist wie ich? Ich bin gespannt auf seine Antworten auf meine vielen Fragen, wenn ich ihn mal von Angesicht sehe. Eins ist mir klar: Niemand wird sagen, dass er nur den kleinsten Fehler gemacht hat.

Manchmal überforderte mich meine neue Aufgabe mit der ganzen Arbeit. Ich musste lernen, Pausen in meinen Alltag einzubauen und auch ab und zu allein für ein paar Tage wegzufahren. Vieles, was ich erlebte, schrieb ich in mein Tagebuch und verarbeitete das Erlebte dadurch. Eine Zeit lang hatte ich eine Putzfrau, die mir half, das dreistöckige Haus sauber zu halten. Ich musste lernen, den Ehrgeiz, alles allein und möglichst perfekt zu schaffen, aufzugeben. Wenn man eine psychische Krankheit hat und ständig versucht, sich selbst zu beweisen, kann das gefährlich für die Gesundheit werden. Ich habe das auch bei Menschen mit körperlichen Behinderungen beobachtet. Bei ihnen gibt es ebenso die Gefahr, dass sie nicht zu ihren Defiziten stehen, sondern versuchen, mit ihren Leistungen nicht behinderte Menschen zu übertreffen.

Die ständige Überforderung führte zu einer Rückenverspannung, die mir lange Probleme machte. Ich habe mal den Satz gehört: »Gott überfordert uns nie.« Das ist so ein flotter Spruch, der eigentlich ja stimmen müsste. »Gott gibt doch auch die Kraft, um Schweres zu tragen und Schwierigkeiten zu meistern.« Ich kann nur von mir sagen, dass ich häufig überfordert war. Wie oft hätte ich mir mehr Kraft gewünscht und eine gewisse Leichtigkeit, über Dinge hinweg zu gehen. Eigentlich bin ich kein schwermütiger Mensch, aber ich spürte oft die Verantwortung, dass aus den Jungen etwas wird, und außerdem wollte ich eine gute Ehefrau sein. Andererseits musste ich mich immer wieder selbst schützen und durfte meine Grenzen nicht überschreiten.

Als die Jungen in die Pubertät kamen, wurde ich als Stiefmutter ganz besonders in Frage gestellt. Das konnte ich nicht immer gut vertragen. Auch leibliche Mütter werden in der Pubertät von ihren Kindern hinterfragt, aber ich war da besonders empfindlich. Es half mir sehr, dass mein Mann immer mehr lernte, mich zu verstehen. Wir gingen manchmal einfach weg, wanderten im Wald und redeten miteinander. Damit er mich verstehen konnte, musste ich mich mitteilen und dazu gehörte auch, dass ich mich zuvor selbst verstand, zum Ausdruck bringen konnte, was ich empfand. Das gemeinsame Gebet war uns immer eine große Hilfe; wir wussten, wir sind mit unseren Problemen und Fragen nicht allein. Auch Urlaub zu zweit war immer eine wunderbare Auszeit.

Was ich erlebe, hinterlässt starke Eindrücke in mir und ich finde häufig kaum die innere Distanz zu dem, was ich erlebt habe. Um Eindrücke, dazu gehört besonders das, was andere sagen, zu verarbeiten, brauche ich mitunter sehr lange. Ich bewege es immer wieder innerlich, egal ob es positive oder negative Dinge waren. Deshalb tut es mir gut, die Zeit, die ich mit meinen Mitmenschen verbringe, gut einzuteilen. Das heißt, nicht so viel Besuche machen und Gäste einladen und Freunde mit Bedacht auswählen. Ich male gerne Aquarelle und mache gerne Handarbeiten. Heute denke ich nicht mehr, ich müsse immer mit Menschen zusammen sein und mit anderen etwas machen. Am besten erhole ich mich, wenn ich allein bin und meine Gedanken zur Ruhe kommen können. Grüblerische, tiefsinnige Menschen tun mir nicht gut, da ich selbst zum Grübeln neige. Wie oft habe ich schon gedacht: Gäbe es nur einen Schalter zum Abschalten! Gedanken drängen sich mir immer wieder auf, als würden sie Karussell in meinem Kopf fahren. In diesen Momenten hilft mir oft mein Tagebuch und wenn ich dann etwas anderes tue, das meine Gedanken fesselt.

Ich hatte den Eindruck, dass es Menschen in meinem neuen Umfeld besonders schwer fiel, mich zu verstehen. Sie erlebten mich als lustigen Menschen, der auf sie nicht den Eindruck eines Kranken machte. Sie konnten nicht verstehen, dass meine Krankheit Konsequenzen hatte, dass ich nicht immer Zeit hatte und nicht besonders belastbar war. Meine Freunde von früher hatten mich in einem anderen Zustand erlebt und

ihnen brauchte ich nicht so viel zu erklären. Es war ein Lern-
prozess für mich, dass man nicht von allen verstanden werden
kann. Ich genoss es sehr, wenn meine Eltern uns besuchten.
Meine Mutter half mir beim Bügeln oder beim Aufräumen
und wir konnten miteinander reden. Unsere Beziehung ist
etwas Besonderes für mich und sie hat mir in meinen schweren Krankheitszeiten und auch später immer unglaublich viel
Mut gemacht.

Im Alter von vierunddreißig Jahren war ich das letzte Mal
wegen einer psychotischen Erkrankung in der Psychiatrie
gewesen. Mit siebenunddreißig Jahren habe ich geheiratet. Die
Ärzte sprechen jetzt nur noch von einer manisch-depressiven
Erkrankung.

Als Reinholds Sohn M. im Alter von achtzehn Jahren vor
seinem Abitur und auch Th. später nach seinem ersten Studi-
ensemester zu ihrer Oma zogen, war mir das zunächst nicht
so recht. Aber ich hatte dadurch mehr Freiraum und genoss
es, mit meinem Mann allein zu sein. In den Wechseljahren
erschien es mir, dass ich wieder sensibler und weniger belastbar war. Ich zog mich von anstrengenden Beziehungen zurück
und lernte wieder neu allein zu sein, zu lesen und zu schreiben. Und ich machte einen Näh-Kurs.

Die Ruhe, die mein Mann ausstrahlt, hat sicher dazu beigetragen, dass ich nicht mehr krank geworden bin. Er fängt mich stets aufs Neue auf, wenn meine Seele schwankt und unruhig ist, und seine Liebe ist ein großes Geschenk von Gott an mich. Wir nehmen einander immer wieder an, auch wenn es Streit gibt. Sein Verhalten gibt mir innere Stabilität und sicher ist er auch an unserer Beziehung gewachsen. Wenn ich früher Angstattacken hatte, sind meine Eltern nervös geworden und bekamen selbst Angst. Schließlich hatten sie mich schon in psychotischen Phasen erlebt und waren dann natürlich sehr hilflos gewesen. Es war erstaunlich, wie mein Mann die Ruhe bewahrte, wenn es mir nicht gut ging. Er sagte dann »atme tief durch«, streichelte mich über den Kopf und selbst wenn ich noch »zappelig« war, legte er sich auf die Seite, wenn wir im Bett waren und schlief ein. Seine Sorglosigkeit ging auf mich über und schließlich konnte ich auch schlafen. Wie gut hatte es Gott gemeint, als er Reinhold und mich zusammen führte! Die Art meines Mannes, er ist eher still und bedächtig, bekam er natürlich mit in die Wiege gelegt. Sein Gottvertrauen hat sich in schwierigen Situationen seines Lebens bewährt und ist wie eine kleine Pflanze gewachsen. Allerdings hat meine lebendige Art abgefärbt auf ihn und als ich lernte, still zuzuhören, wenn er erzählte, teilte er mir mit, was ihn bewegte. Ich bin froh, dass mein Mann nie erlebt hat, dass ich psychotisch krank geworden bin. Dieser Gedanke ist für mich unvorstellbar.

Ich stellte schon of fest, dass Außenstehende mir kaum raten konnten. Freundinnen und vor allem meine Mutter waren eine große Hilfe, aber Seelsorger, die man mal anspricht, können sich oft nicht in alles hinein denken. Mit der Zeit merkte ich immer deutlicher: Unser himmlischer Vater ist der beste Ratgeber und verändert oft zunächst uns und dann die Umstände. Andere wissen nicht, wie sich mein Schmerz bei mir anfühlt. Sie vergleichen meine Probleme mit ihren und dabei hat man oft das Gefühl: Das, was der andere zu bewältigen hat, ist einfacher. Gott versteht, wie schwer wir an einer Sache tragen, er versteht mich und ebenso meine Freunde. Ich habe mir oft sehnlichst gewünscht, dass Freundinnen und Bekannte mich so ganz verstehen könnten. Das ist nur selten möglich. Es kann sogar kränken, wenn jemand sagt: »Ich verstehe dich!«, und man spürt, dass das gar nicht der Fall ist. Ratschläge, man müsse mehr beten oder sonst etwas tun, können mich wütend machen. Es ist gut, wenn man lernt, sich nicht zu ärgern, und nicht versucht, Menschen, denen es an Einfühlungsvermögen fehlt, alles zu erklären.

Mir hat es geholfen, über die Dinge nachzudenken, für die ich Gott danken konnte. Dankbarkeit wurde für mich zur Quelle der Freude und der Kraft für mein Leben. Das Danken ist mir nicht immer leicht gefallen und manchmal klagte ich erst meine Not und »landete« dann wieder beim Danken. Ich hatte mir manches anders vorgestellt, doch ich wollte nicht auf meine Behinderung starren, sondern auch das Gute sehen, was ich in meinem Leben hatte. Gerade die Dankbarkeit half mir, meine Lebenssituation zu bejahen. Trotzdem, ich darf nicht leichtsinnig sein und meine Schwäche ganz aus dem Blick verlieren. Das ist ein Balanceakt, der nicht einfach ist. Der Satz von Dietrich Bonhoeffer: »Es gibt erfülltes Leben trotz vieler unerfüllter Wünsche«, drückt gut aus, was ich in Bezug auf mein Leben empfinde. Ich kann manches nicht tun, was für andere selbstverständlich ist. Dadurch eröffnen sich mir aber neue Freiräume für andere Dinge. Ich bin gerne mit Menschen zusammen. Weil mich das aber ziemlich anstrengt, habe ich vieles entdeckt, was ich allein tun kann und was mir auch gut gefällt: Lesen zum Beispiel oder allein im Wald spazieren gehen und beten. Die Natur kann man allein viel besser beobachten. Mir gefällt der Satz: »Nur an einer stillen Stelle legt Gott seinen Anker an« aus einem Lied von Rudolf Kögel (1829–1896).

Wenn man eine Krankheit annimmt, akzeptiert man auch leichter, dass man Medikamente einnehmen muss. Man kommt dann mit einer kleineren täglichen Dosis aus und muss nicht von Zeit zu Zeit mit Medikamenten »vollgestopft« werden. Mein Lithium-Präparat macht nicht müde und ich kann gut damit leben. Man muss daran denken, es regelmäßig einzunehmen, und ich habe dadurch an Gewicht zugenommen. Die Gewichtszunahme ist aber nicht dramatisch, wenn man sich vernünftig ernährt und genug bewegt. Wenn ich mich mit anderen psychisch Kranken in den Kliniken verglich, fiel mir auf, dass viele Patienten nicht einsichtig sind. Sie wollen es nicht wahr haben, dass sie Medikamente brauchen, und sie stehen nicht zu ihrer Krankheit. Wenn sie die Medikamente nicht einnehmen, müssen sie bald wieder in eine Klinik. Ich hatte gelernt, »vernünftig« zu sein. Manchmal hatte ich jedoch das Gefühl, das Leben läuft neben mir her wie ein Zug, auf den ich nicht aufspringen kann. Eine Bibelstelle aus 2. Korinther 1 tröstete mich: Paulus schreibt von sich, dass er am Leben verzweifelte. Sicher hatte Paulus viel mehr Grund zu verzweifeln. Aber meine Situation erschien oft auch ausweglos und es tröstete mich, dass selbst Paulus manchmal dem Verzweifeln nahe war.

Ich selbst habe die Last meiner Krankheit zu tragen und es hilft nicht viel, andere zu bitten, mir beim Einhalten meiner Grenzen zu helfen. Ich bin die »Verantwortliche« für meine Krankheit, ich kann sie nicht abschieben und so tun, als wäre sie nicht da. Sie ist aber auch nicht das wichtigste in meinem

Leben, um die alles kreist. Aber wenn ich sie andererseits völlig ignoriere, macht sie sich bemerkbar und braucht Pflege.

In diesem Zusammenhang würde ich von Lebenskunst sprechen. Gott hat meine Seele so gemacht und das ist auf keinen Fall ein Nachteil, ich habe nicht nur eine kranke Seele. Es ist beides, Last und Freude. Ein psychisch kranker Mensch hat auch gesunde Anteile. Das ist wie bei einer körperlichen Krankheit, die Lunge kann zum Beispiel krank sein, aber die anderen Organe und Gelenke sind gesund. Ein psychisch kranker Mensch kann auf vielen Gebieten »normal« reagieren und empfinden. Ein Leben mit einer seelischen Krankheit ist jedoch eine Dauerbelastung und man braucht viel mehr Kraft, um den normalen Alltag zu bewältigen, auch weil die Medikamente einschränken und manche einen müde machen. Doch die Medikamente helfen natürlich auch und müssen so dosiert werden, dass das Leben erträglich ist. Gemeinsam mit Ärzten muss man immer neu abwägen, ob es leichter ist, die Krankheit zu ertragen oder die Nebenwirkungen der Medikamente. Ärzte, Verwandte und Freunde können mitdenken und beraten, aber man sollte die Verantwortung nicht abschieben.

Ich beobachte alles, was um mich geschieht, genau. Ich habe gelernt, meinem eigenen Empfinden, mir selbst nahe zu sein, und meine Gefühle sind meist sehr präsent. Das ist gut und macht mich zugleich verletzlich. Deshalb muss ich den Rahmen für mein Leben selbst bestimmen. Er schränkt mich ein, aber er hilft mir auch, »nicht aus der Fassung« zu geraten.

M eine Seele braucht ein Ventil – oder besser noch mehrere. Seit ich sprechen kann, war die Sprache mein wichtigstes Ventil. »Ausdrücken« bedeutet für mich, das aus mir heraus zu drücken, was mich bedrücken will. Menschen, die gut zuhören können, sind ein Schatz. Wenn niemand verfügbar ist, schreibe ich gern meine Gedanken auf. Leider habe ich als Kind und als junges Mädchen nicht genug auf meiner Geige geübt. Trotzdem greife ich in letzter Zeit zu diesem Instrument und es tut mir gut. Niemand hört mir zu, ich mache es nur für mich – und zu Gottes Lob, wenn er auch mal ein paar Misstöne ertragen kann... Da mich Farben faszinieren, male ich gern mit Aquarellfarben. Manchmal sind es richtige Psychobilder, die meine Angst, mein Eingeengtsein darstellen. Ich reihe auch mal einfach Farben aneinander und freue mich, wenn etwas Schönes entsteht. Und ich bewege mich viel – im Wasser, beim Aquajogging, im Wald beim Laufen und manchmal tanzend bei schöner Musik im Haus.

Ich danke Gott für meinen Körper, der die vielen Medikamente geschluckt hat, der gesund ist und meine Seele beherbergt, auch wenn sie immer wieder Purzelbäume schlägt. Früher hatte ich an meinem Äußeren manches auszusetzen. Heute sehe ich in meinem Körper einen guten Freund, der mir – wenn auch nicht immer – gut gefällt. Ich versuche aus den Möglichkeiten, die mir persönlich das Leben bietet, etwas Schönes und Wertvolles zu machen. Meine Krankheit ist früh in mein Leben hineingebrochen, viele Möglichkeiten waren dadurch verbaut für mich. Aber es ist mein Leben, diese

Krankheit gehört dazu und ein Teil meiner Lebensaufgabe ist es, mit dieser Behinderung zu leben – nicht damit »fertig« werden, sondern damit umzugehen und selbst daraus noch etwas Gutes zu machen.

Auch heute stöhne ich manchmal noch unter der Last meiner hohen Sensibilität. Aber diese Wahrnehmung, wenn ich zum Beispiel bei meinen Freundinnen schnell sehe, wie es ihnen geht, ist eben nicht nur einfach. Viele Menschen um mich kann ich nicht gut ertragen, ich bin extrem geräuschempfindlich und leider lege ich vieles, was andere sagen, auf die berühmte »Goldwaage«, mache mir Gedanken und dann kreisen die in meinem Kopf und lassen mich nicht los. Weil ich andere nicht verletzen will, bin ich sehr vorsichtig und muss lernen, ihnen zu sagen, wenn ich mich verletzt fühle. Ganz besonders traurig macht mich der Gedanke, dass das Zusammenleben mit mir schwierig ist. Ich habe einen Behindertenausweis und fühle mich zu bestimmten Zeiten wirklich behindert. Zuweilen frage ich mich: Wen behindere ich – wer behindert mich? Bin ich überhaupt behindert oder bin ich »einfach« nur hochsensibel?

Mein Mann legt ebenso wie ich Wert darauf, unsere Ehe zu pflegen. Er erzählt mir von den Ereignissen in der Schule und ich spreche von dem, was ich zu Hause und mit meinen Bekannten und Freundinnen erlebte. Reinhold hat sich sehr verändert, er ist nicht mehr so ruhig und verschlossen wie früher und spricht viel über das, was ihn bewegt. Wir lernen, einander immer besser zu verstehen. Nachdem wir Urlaub in Spanien gemacht hatten, lernten wir zusammen in der Volkshochschule Spanisch. Mir fiel das schwerer als meinem Mann, obwohl ich eigentlich auch sprachbegabt bin. Er kann sich alles so gut merken und war in dem Kurs der Beste. Er konnte sich im Urlaub ganz gut verständigen, während ich meistens Hemmungen hatte, etwas zu sagen.

Mein Leben ist bei aller Arbeit in unserem großen Haus und im Garten beschaulicher geworden. In der ersten Zeit unserer Ehe lernte ich, »fremde« Kinder zu akzeptieren, auf sie einzugehen und sie lieb zu haben. Dann folgte – schneller als bei leiblichen Müttern – die Zeit des Loslassens und des Ruhig-Werdens über den eigenen Entscheidungen der jungen Leute. Ich habe mich gefreut, dass ich einiges von dem, was ich erlebt habe, in Artikeln in christlichen Zeitschriften weitergeben konnte. Ich habe jetzt viel mehr Ruhe, das Telefon klingelt nicht mehr so häufig und ich werde weniger mit den Problemen anderer belastet. Ich lerne, mit meinen eigenen Problemen nicht mehr zu Freundinnen zu gehen, sondern zu beten. Das macht mich unabhängiger und freier – und das gefällt mir gut. Früher rannte ich gleich ans Telefon, aber oft bekam ich dann keine wirkliche Hilfe. Ich habe andere enttäuscht und wurde selbst enttäuscht und ich brauchte recht lange, bis ich wieder mit mir im Reinen war.

Obwohl mir die Kraft fehlte, sah ich natürlich die Aufgaben um mich herum, Not, die gelindert werden sollte und hatte dem oft nur eins entgegenzuhalten: »Ich kann nicht.«

Ich lernte an meinen Lebensumständen und vielleicht war die wichtigste Lektion in meinem Leben, nicht mir, sondern Jesus bedingungslos zu vertrauen. Wenn ich zurückblicke, denke ich: Gott hat alles gut gemacht. Trotz manchem Versagen. Ich bin jetzt von vielen Ängsten frei. Es ist mir nicht immer egal, was andere denken, aber es beeinflusst mich nicht mehr so sehr. Mein himmlischer Vater, der groß und mächtig und so ganz anders ist als ich, wird mir immer mehr zum Freund, zum innigen Vertrauten. Alles, was ich bisher erlebt habe, war auch ein Erleben mit Gott. Seine Liebe, seine Gegenwart kann und will ich nicht wegdenken aus meinem Leben. Alle Freude wäre keine Freude ohne ihn und aller Schmerz wäre unerträglich ohne ihn. Die Gewissheit seiner Nähe ist mir nie verloren gegangen. Selbst wenn ich nicht spürte, dass er da war, so wusste ich es doch. Bei allem Schweren hat er mich nicht enttäuscht, weil ich weiß, seine verborgenen Gedanken sind immer nur gut für mich. Die Existenz Gottes abhängig machen zu wollen von unserem eigenen Wohlergehen, wäre zu billig, zu einfach. Ich habe gelernt und lerne noch immer, Ungerechtigkeiten anzunehmen und Widrigkeiten, Ungereimtheiten zu tragen. Nicht verbissen, sondern mit einer gewissen Würde und in dem Bewusstsein, dass nur so menschliche Reife wachsen kann.

Gott hat mich geheilt, allerdings anders, als ich es mir je hätte vorstellen können. Ich habe gelernt, mit Medikamenten umzugehen, meine Grenzen zu bejahen und mich an meinem Leben zu freuen – so, wie es ist. Es gab aber viele Stunden, in denen ich das Gefühl hatte, das Licht sei ausgegangen; ich hätte fast die Hoffnung verloren. Oft wusste ich einfach nicht mehr weiter. Wenn die emotionale Kraft fehlt, sind auch kleinere Probleme ein Riesenberg. An manchen Tagen hatte ich das Empfinden, die Sonne ginge nicht auf und es bliebe dunkel. Durch diese Tage habe ich mich geschleppt und irgendwann wurde es wieder heller.

Ich möchte Menschen mit einer psychischen Krankheit, ihren Angehörigen und auch Menschen mit einer körperlichen Behinderung Mut machen, die eigene Lebenssituation anzunehmen und mit Gottes Hilfe einen Weg zu finden, den man gehen kann. Gott räumt uns nicht alle Steine aus dem Weg, wenn wir ihm vertrauen, aber er führt uns. Gott in seinem großen Reichtum gehen nie die Möglichkeiten aus. Schwierigkeiten lassen uns reifen und wir werden dadurch verändert. Vor ihm dürfen wir echt sein, er hält unsere Rebellion und unseren Zorn aus. Wichtig ist nur, dass wir mit ihm im Gespräch bleiben.

Meine Krankheit lehrte mich, realistisch zu sein, »nüchtern«, dieser Begriff steht in der Bibel. Eigentlich reagiere ich von meinem Wesen her oft emotional. Doch ich lernte, realistisch zu werden. In der Bibel steht, wir sollen die Kosten überschlagen, wenn wir ein Haus bauen. So bin ich ständig herausgefordert zu überlegen, wozu meine Kräfte reichen und wozu nicht. Manchmal muss ich meine Emotionen dann fast ausblenden und treffe Entscheidungen mehr mit dem Kopf als aus dem Herzen. Das war bisher gut so. Überbelastungen richten zu viel Schaden an.

Nüchtern zu sein bedeutet für mich auch, mit geistlichen Dingen nüchtern umzugehen. Eben nicht nur in der Bibel lesen, sondern Zeit für die Arbeit und anderes zu haben, was Freude macht. Menschen mit Neigungen zu psychischen Krankheiten sind oft recht tiefsinnig, sie denken sich in das hinein, was in der Bibel steht, und heben dann leicht etwas ab. Mein Mann hilft mir, wenn er sagt: »Jetzt schlagen wir die Bibel zu ...!«

Macht der Glaube krank? Nein, das denke ich nicht. Glaube an Gott und Vertrauen können nicht krank machen. Aber wir haben es beim christlichen Glauben mit Dingen zu tun, die irgendwie über das normale Leben hinausgehen. Wir sprechen mit Gott, schließen dabei die Augen und Menschen, die mit dem Glauben nichts anfangen können, mag das seltsam vorkommen. Wenn ich an das Abendmahl denke: Wir nehmen Christi Blut und seinen Leib zu uns ... Und wir rechnen damit, dass Jesus in Herrlichkeit wiederkommt. Ein hochsensibler Mensch stellt sich das alles viel eindrücklicher vor als jemand, der ein etwas dickeres Fell hat. Falsch verstandener Glaube kann krank machen, wenn zum Beispiel in Gemeinden Druck gemacht wird, weil man doch etwas leisten soll für Gott und etwas tun muss, damit Menschen gerettet werden. Das kann ganz schön Stress machen und es macht ebenso Stress, wenn man sich diesem Druck widersetzt. Es ist gut, darauf die eigene, ganz persönliche Antwort zu finden. Manchmal kann es sogar notwendig sein, sich eine neue Gemeinde zu suchen.

Ich halte nichts davon, bei einem Leiden immer zu suchen, »wofür es gut ist«. Es gibt vieles, was wir nicht verstehen und erklären können, und das müssen wir aushalten, ohne sinnvolle Antworten zu finden. Ich habe jedoch durch meine Krankheit gelernt, konzentriert zu leben. Ich kann es mir nicht leisten, mich zu »verzetteln«, viele verschiedene Aktivitäten anzufangen, die ich dann nicht bewältigen kann. Nein zu manchen Dingen zu sagen, fiel mir immer schwer. Aber ich habe festgestellt, dass man das lernen kann. Mir bleibt – allein und zusammen mit meinem Mann – viel Zeit für das Gebet und das Lesen in der Bibel. Die Andacht allein am Morgen prägt meinen Tag und sie ist für mich immer eine besondere Zeit. Das Beste, was wir für andere Menschen tun können, ist doch, für sie zu beten. Sicher habe ich auch gelernt, andere besser und intensiver zu verstehen.

Eine wichtige Sache ist da der Schlaf. Jeder Psychiater fragte mich immer zuerst: Können Sie schlafen? Ich achte auf genügend Schlaf und nehme in ganz wenigen Fällen auch mal eine Tablette, damit ich nicht aus dem Schlafrhythmus komme. Ich verzichte auf manches, was mich zu sehr anstrengt, in letzter Zeit haben wir nicht mehr so viel Besuch wie früher. Nicht die Arbeit an sich strengt mich an, sondern die Gespräche. Manchmal bin ich wütend, wenn ich zu meinem Mann – wieder mal – sagen muss: »Ich schaffe das nicht, das ist mir zu viel.« Ich habe aber auch schon erlebt, dass es auch mal gut sein kann, mich dennoch auf eine Begegnung einzulassen und mich eben danach wieder auszuruhen.

Eine Bekannte sagte mir, einer Verwandten von ihr gehe es schlecht, es sei aber nicht psychisch. Na, was für ein Glück, dachte ich etwas spöttisch. Warum wehren wir uns, wenn eine Krankheit psychische Ursachen hat? Ich vermute, keine Krankheit sonst betrifft so stark die Persönlichkeit eines Menschen. Wenn Gefühle oder sogar Gedanken »krank« werden, sind wir besonders in unserem innersten Wesen betroffen. Für eine psychische Krankheit fühlt man sich – vielleicht als gläubiger Mensch noch eher – verantwortlich. Es fällt uns schwer zuzugeben, dass wir falsch denken und unsere Gefühle durcheinander geraten sind. Außerdem ist eine psychische Krankheit immer irgendwie unheimlich. Was ist, wenn wir unsere Gedanken, unsere Emotionen nicht mehr kontrollieren können, wenn wir durchdrehen oder gar verrückt werden? Wir fühlen uns in unserem Menschsein, unserer Persönlichkeit in Frage gestellt, nicht mehr für voll genommen, wir haben Angst, dass andere für uns entscheiden müssen und wir unser selbstbestimmtes Leben aufgeben müssen. Ein Psychologe sagte mir: »Etwas Schlimmeres kann einem Menschen nicht passieren, als eine Psychose zu haben.«

Wie schön wäre es, wenn mich alle verstehen würden. Natürlich ist das Unsinn. Freundschaften sind zerbrochen, einfach weil ich nicht mehr die Kraft hatte, zu viel Kontakte und vor allem belastende Kontakte auszuhalten. Das machte mir schwer zu schaffen und mein Gewissen war in ständiger Alarmbereitschaft. Es dauerte lange, bis ich da meinen inneren Frieden gefunden hatte, doch dann ist anderes entstanden.

Ich fragte mich, wo ich Fehler gemacht hatte, bis ich endlich alle Beziehungen in Gottes Hände legen konnte und erkannte, er hatte das letztendlich alles so geführt. Ich lebe heute viel zurückgezogener. Und obwohl das nicht meiner Natur entspricht, genieße ich das Alleinsein und unkomplizierte Beziehungen. Ich genieße das Alleinsein nicht nur, ich brauche es auch dringend. Das Zusammensein mit anderen gelingt mir nur, wenn ich es klug dosiere. Zu viel überreizt meine Nerven und ich brauche mehrere Tage, bis ich wieder im Gleichgewicht bin. Die Verluste habe ich »betrauert«, aber irgendwann zog ich einen Schlussstrich und wandte mich Neuem zu.

Gute Erfahrungen habe ich mit Entspannungsübungen gemacht. Ich rege mich leicht auf und finde schlecht zur Ruhe. Die Muskelentspannung nach Jacobsen ist eine sehr gute Methode, die mir hilft. Man spannt die verschiedenen Muskeln an und entspannt sie dann wieder. Das hilft mir auch, wenn ich schlecht einschlafen kann. Außerdem habe ich gelernt, bewusst in den Bauch zu atmen. Man muss das ein bisschen üben, aber wenn man es kann, hilft das ausgezeichnet. Diese Übungen lassen sich auch während des Alltags einbauen. Wenn ich meine Gedanken auf den Körper konzentriere, beim Laufen die Füße abrolle, zwischendurch die Hände anspanne und entspanne, habe ich das Gefühl, die Unruhe weicht aus dem Kopf.

I n der Kur fertigte ich ein Mosaik an. Als ich nicht so richtig weiter kam, bot sich ein anderer Patient an, mir zu helfen. Der Zerbruch der Kacheln, die ich dann als Mosaik zusammensetzte, erinnerte mich daran, dass es in meinem Leben einen einschneidenden, schlimmen Zerbruch gegeben hatte. Doch nun konnte ich etwas Neues zusammensetzen und die Hilfe des Mitpatienten erinnerte mich an die Menschen, die mir schon geholfen haben. Innerlich fühlte ich mich oft allein und doch gab es häufig Hilfe. Ich denke an meine Mutter, die früher, als alles völlig hoffnungslos erschien, sagte: »Wir schaffen das.« Sie gewann ihre Überzeugungskraft aus ihrem Glauben und das machte mir Mut.

Einmal hatte ich ein schier überwältigendes Erlebnis: Ich war gerade achtzehn Jahre alt, mein erster Krankenhausaufenthalt lag noch nicht lange zurück. Ein paar ältere gläubige Männer beteten für mich. Sie legten mir die Hände auf und ich erinnere mich nur an den einen Satz: »Segne unsere Schwester, ob es zum Leben oder zum Sterben geht.« Sie legten mich damals ganz in Gottes Hand und ich konnte das so annehmen. Sie versicherten mir, der Herr würde es gut machen, und ich erinnere mich, wie ich sagte: »Ich kann das gar nicht glauben.« »Das macht nichts«, meinten sie, »wir glauben das für dich.« Oft haben andere für mich geglaubt, für mich gehofft und ich bin sehr dankbar, dass Gott ihren Glauben dadurch gestärkt hat, was Gott in meinem Leben getan hat.

Ich lernte allerdings auch, mich nicht so stark auf Menschen zu verlassen. Einerseits begann ich, Gott immer mehr zu vertrauen. Andererseits traf ich mutiger eigene Entscheidungen, hielt mich zunehmend selbst für kompetent für mein Leben. Ich bin auch die »Fachfrau« für meine Krankheit und für mein Leben. Obwohl Ärzte wertvoll für mich sind, weiß ich selbst gut, was richtig für mich ist.

W as ist von meiner Krankheit geblieben? Seit zwanzig Jahren hatte ich keine Psychosen mehr. Ich bin heute noch hochsensibel. Wenn wir Gäste haben oder bei Freunden eingeladen sind, nehme ich in den Gesprächen so viel wahr, nehme so viele Reize auf, die ich nur langsam verarbeiten kann. Stellt man sich die Seele wie eine Zwiebel vor, dann fehlt mir die äußerste Haut, irgendwie geht alles durch. In meinem Kopf dreht sich dann alles wie in einem Karussell, die Gespräche und die Eindrücke lassen mich nicht los. Es gelingt mir oft schlecht, von anderen Menschen innerlich Abstand zu bekommen, und das ist nicht nur bei »Pflichtbesuchen«, sondern auch bei guten Freunden so.

Heute versuche ich nach anstrengenden Gesprächen, möglichst lange zu schlafen, danach gönne ich mir Zeit an der frischen Luft und auch ein paar Tage ohne viele Kontakte. Seltsamerweise hilft mir das Fernsehen, um wieder zur Ruhe zu kommen. Ich konzentriere mich auf das Geschehen auf dem Bildschirm und werde abgelenkt. Obwohl ich immer gern mit Menschen zusammen war, habe ich mich gut an das Alleinsein gewöhnt und mein Mann und ich genießen unsere Zweisamkeit sehr. Wir wandern viel miteinander, lernen Städte kennen, und ganz wichtig ist uns das gemeinsame Gebet. Manche Bücher lesen wir uns gegenseitig vor. Meistens liest mein Mann. So haben wir immer Gesprächsstoff, der über unseren eigenen Alltag hinausgeht.

Es geht nicht darum, mit einer Behinderung »fertig« zu werden, sondern vielmehr, damit umzugehen und sie ins Leben mit hinein zu nehmen. Ich verzichte dadurch nicht nur, sondern mein Leben kann reicher werden, wenn ich mich auf das Wesentliche konzentriere. Leid wird etwas leichter, wenn ich hinter allem die gute Hand meines himmlischen Vaters erkenne. Das gibt meinem, unserem Leben eine gewisse Leichtigkeit und vielleicht ist das der Grund, warum mein Mann und ich viel miteinander lachen. Wir lassen keine Gelegenheit zum Feiern aus. Das sind keine großen Feste, sondern einfach das »Dran-Denken«: der 4. an jedem Monat, weil wir an einem 4. geheiratet haben, Unser Kenn-lern-Tag am 18. August, an dem wir gern zu dem Ort des Geschehens fahren. Wir sind dankbar füreinander, das sagen wir uns gegenseitig und wir sagen es Gott.

Sicher, es gibt auch Probleme. Für meinen Mann ist es nicht immer einfach, mit einer so sensiblen Frau zusammen zu leben. Er muss Rücksicht nehmen und ich muss ihm Freiraum lassen. Doch einmal ging mir ein Licht auf: Ich konnte gerade nicht ans Telefon gehen, mein Mann sprach mit meiner Freundin. Da war ich doch sehr erstaunt, wie er mit ihr redete, so einfühlsam und verständnisvoll, er tröstete sie und ich dachte: »Nächstens kann er gleich mit meinen Freundinnen sprechen, die Trost brauchen.« Aber wo hatte er das gelernt? Nicht bei einer unkomplizierten und belastbaren Frau, sondern bei mir. Damals verstand ich so richtig: Wenn Gott dem einen etwas auferlegt, dann ist das auch für den anderen gut.

In vielen christlichen Gemeinden ist heute Heilung ein wichtiges Thema. Es kam mir einfach nie in den Sinn, für Heilung zu beten. Dabei habe ich nicht den geringsten Zweifel an Gottes Macht, mir Nerven wie Drahtseile zu geben und mich psychisch völlig stabil und belastbar zu machen. Einmal haben mein Mann und ich gebetet, dass Gott mich heilt. Jemand hatte mich darauf aufmerksam gemacht, man könne doch für Heilung beten. Ob es mich gestärkt hat, weiß ich nicht. Ich weiß nur, wir können Gott nicht gefügig machen, es ist nur gut, wenn wir uns seiner Führung anpassen. Von Gott auferlegte Last ist tragbar, denn sie kommt aus den besten Händen. Denn davon bin ich felsenfest überzeugt, kein anderer hat meine Krankheit in mein Leben hinein geordnet. Viele Menschen leben mit kleinen oder größeren Behinderungen, psychischer oder körperlicher Art. Wenn sie den Herrn Jesus kennen, erleben sie auch, was es heißt, abhängig von ihrem Herrn zu sein, mit Schwächen umzugehen und ihn zu preisen, ohne von großartigen Heilungswundern erzählen zu können. Dabei leben sie »Wunder« der ganz besonderen Art: Das Wunder, schwach zu sein und einen starken Heiland zu haben, nicht zu wissen, wie man den nächsten Tag bewältigen kann, und dann am Abend zu erleben: Jesus hat wunderbar geholfen. Manchmal frage ich mich: Suchen wir Gott oder nur seine Wunder, wollen wir Schwierigkeiten entrinnen oder uns in Schwerem bewähren? Eigentlich brauchen wir dann auch keinen Himmel mehr, es ist alles schon so wunderbar hier ... Man kann eine Behinderung als besondere Herausforderung sehen. Ich sage manchmal: »Gesund sein kann jeder.«

Von vielen Psychiatern wird bei psychotischen Erkrankungen keine Psychotherapie verordnet. Ich wurde zwanzig Jahre von einer Ärztin behandelt, die mir in vielem sehr geholfen hat. Aber ich konnte oft nicht mit meinen Grenzen umgehen und wusste einfach nicht, wann ich bei Anfragen ja oder nein sagen sollte. Ich wünschte mir einen Arzt, der mich mit anderen Augen sah als die Ärztin, die mich schon so lange kannte und für die Medikamente das einzige Heilmittel waren. Ich fand eine neue Ärztin ganz in meiner Nähe, die mir anstelle von *Taxilan*, das ich nicht mehr vertrug, ein neues Medikament (*Zyprexa*) verschrieb, das ich zumindest für kurze manische Phasen nehmen kann. Außerdem vermittelte sie mir eine Psychologin. Als katholische Schwester versteht sie mich besonders gut, auch wenn es um Fragen geht wie: »Darf ich mich als Christin überhaupt von anderen abgrenzen?«. Ich stellte fest, wie wichtig es mir war, den Ansprüchen anderer zu genügen und ihnen gerecht zu werden. Dabei wollte ich doch meinen Weg finden, den Weg, der zu mir persönlich passt. »Wir haben keine Macht über die Gedanken der anderen.« Diesen Satz hörte ich oft in unseren Gesprächen und er half mir, mehr Freiheit zu gewinnen. Ich lerne noch immer, nicht mithalten zu wollen mit anderen und das, was andere schaffen, nicht zu meinem Maßstab zu machen. Die Gespräche, zu denen ich etwa alle vier Wochen gehe, geben mir Beständigkeit, die Psychologin ist sanft und freundlich und zwängt mir nichts auf. Es ist einfach eine gute Begleitung für mich. Ich würde niemandem eine Therapie empfehlen, die aufregt und aufwühlt. Ein Psychotherapeut, der tiefenpsychologisch erforschen will, was in mir ist, das wäre in meinem »Fall« nicht gut. Ich selbst treffe meine Entscheidungen, das kann mir weder ein Therapeut noch ein Seelsorger abnehmen. Wie schön, wenn man mit einer Therapeutin über die eigenen Schwächen lachen kann!

Anhang

Tipps für den Umgang mit psychisch kranken Menschen

- Bei einem Besuch in der Psychiatrie sind Getränke meistens angebracht. Allerdings sind Glasflaschen manchmal verboten.

- Angehörige sollten sich informieren: mit Ärzten sprechen, lesen zu dem Thema, mit anderen Angehörigen von Patienten sprechen. Vielleicht eine Selbsthilfegruppe aufsuchen oder gründen.

- Wenn man Patienten begleiten will, braucht man viel Geduld. Man muss bereit sein, den Patienten auf lange Dauer zu begleiten, und sieht vielleicht wenig Fortschritte. Das kann manchmal frustrierend sein.

- Wenn ich nicht lesen konnte, waren Zeitschriften ein guter Zeitvertreib. Am besten mehrere mit verschiedenen Themen.

- Stricknadeln und Sticknadeln sind meistens verboten.

- Wenn es möglich ist, tut es dem Patienten gut, die gewohnte Umgebung zu verlassen.

- Bei übergewichtigen Patienten ist Obst oder sonst etwas Erfrischendes besser als Süßigkeiten.

- Ein Walkman kann helfen.

- Es ist sicher gut, dem Patienten keine Vorwürfe zu machen wegen seines Verhaltens. Das Verhalten des Kranken ist zumindest zum Teil krankhaft. Gut wäre, wenn der Helfende sich ein dickeres Fell zulegt und nicht alles so ernst nimmt, was der Patient sagt.

- Wenn es gelingt, die Gedanken des Kranken in eine andere Richtung als das Geschehen in der Klinik zu richten, wäre es gut.

- Zuhören, zuhören, zuhören.

- Keine lockeren Sprüche: »Das wird schon wieder, das ist halb so schlimm.« – »Du musst halt mehr beten.« Diese Sätze können verletzen und zeigen nur, dass man den Kranken nicht versteht. Auch Sätze wie: »Ich weiß genau, wie du dich fühlst«, sind verkehrt, denn niemand weiß, wie der andere sich fühlt.

- Selbst wenn der Patient die Station nicht verlassen kann, kann man dort ein kleines Picknick machen mit einer Thermoskanne Kaffee oder Tee, Gebäck oder einem selbstgebackenen Kuchen. Am besten bringt man noch Tassen und Teller mit. Ich erinnere mich noch gut an ein Ehepaar, das mir einen knackigen Salat mitbrachte.

- Zeit heilt nicht alle Wunden, aber die Wunden brauchen Zeit, um zu heilen. Außerdem gute ärztliche Behandlung, verständnisvolle Mitmenschen, die über die Krankheit Bescheid wissen und entsprechend reagieren können. Psychisch Kranke müssen lernen, dass auch Gesunde Freiräume brauchen und ihre Grenzen haben. Kranke Menschen, ob körperlich oder seelisch krank, sind immer eine Belastung für die Familie. Freunde, die mittragen und auch mal den Patienten »hüten«, wenn er nicht allein sein kann, sind eine Hilfe.

- Mut machen, auch wenn das ein »Fass ohne Boden« ist. Das Mutmachen sollte realistisch sein. Meine Mutter sagte früher oft: »Wir schaffen das.«

- Patienten nicht bevormunden, aber doch bei Entscheidungen helfen. Praktische Hilfe anbieten: Gang zur Bank, einkaufen.

- Einmal in der Woche gemeinsam schwimmen oder spazieren gehen. Oft schafft der Patient es nicht, sich allein aufzuraffen. Ein motivierender Freund oder eine Freundin sind daher wertvoll.

BUCHHINWEIS

NEUFELD VERLAG

n^(v)

Jean Vanier

Von den Wunden des Herzens

Wegbegleiter durch Zeiten der Depression

Einfühlsam schreibt Dr. Jean Vanier – einer der großen spirituellen Schriftsteller unserer Zeit – in diesem Buch über Hintergründe: erhellend für Menschen, die Zeiten der Depression aus eigenem Erleben kennen. Zugleich inspiriert Vanier zu Wegen aus der Finsternis ins Licht: Ein Neuanfang ist immer möglich.

128 Seiten, kartoniert, ISBN 978-3-86256-015-8
E-Book: ISBN 978-3-86256-708-9

Bleiben Sie auf dem Laufenden:
newsletter.neufeld-verlag.de
www.**facebook**.com/NeufeldVerlag
www.neufeld-verlag.de/**blog**
www.neufeld-verlag.de

NEUFELD VERLAG

n^v

Roland Walter

König Roland

Im Rollstuhl durchs Universum

Ein glücklicher und intelligenter König plaudert aus seinem Leben: Roland Walter kam 1963 mit einer spastischen Lähmung zur Welt und ist ständig auf fremde Hilfe angewiesen. Trotzdem sagt er, er sei ein König – ein König der Lebensfreude.

95 Seiten, kartoniert, ISBN 978-3-86256-023-3
E-Book: ISBN 978-3-86256-712-6

Bleiben Sie auf dem Laufenden:
newsletter.neufeld-verlag.de
www.**facebook**.com/NeufeldVerlag
www.neufeld-verlag.de/**blog**
www.neufeld-verlag.de

**Stellen Sie sich eine Welt vor,
in der jeder willkommen ist!**

Der **NEUFELD** VERLAG *ist ein unabhängiger,
inhabergeführter Verlag mit einem ambitionierten
Programm. Wir möchten bewegen, inspirieren und
unterhalten.*

Wir leben gerne an der Nordseeküste und genießen das
Meer. Offenheit, ein weiter Horizont und die Liebe zum
Leben prägen auch unser Buchprogramm.

Durch die Bücher, die wir mit großer Sorgfalt und echter
Leidenschaft für Sie gestalten, werden Sie entdecken:

▸ Menschen mit Behinderung bereichern Ihr Leben.

▸ Bei Gott sind Sie willkommen.

Lesen Sie selbst!

www.neufeld-verlag.de